U0840403

# 文化的盛宴

## 文化名人的浪漫与哲思

宋智明 著

新世界出版社
NEW WORLD PRESS

**图书在版编目（CIP）数据**

文化的盛宴：文化名人的浪漫与哲思 / 宋智明著
. -- 北京：新世界出版社, 2017.10
ISBN 978-7-5104-6418-8

Ⅰ. ①文… Ⅱ. ①宋… Ⅲ. ①文化—名人—访问记—中国—现代 Ⅳ. ①K825.4

中国版本图书馆CIP数据核字(2017)第238226号

**文化的盛宴**

作　　者：宋智明
责任编辑：余守斌
责任校对：宣　慧
责任印制：王宝根
出版发行：新世界出版社
社　　址：北京西城区百万庄大街 24 号（100037）
发 行 部：（010）6899 5968　（010）6899 8705（传真）
总 编 室：（010）6899 5424　（010）6832 6679（传真）
http://www.nwp.cn
http://www.nwp.com.cn
版 权 部：+8610 6899 6306
版权部电子信箱：nwpcd@sina.com
印　　刷：三河市骏杰印刷有限公司
经　　销：新华书店
开　　本：710mm × 1000mm　1/16
字　　数：220 千字　印张：20
版　　次：2017 年 10 月第 1 版　2017 年 10 月第 1 次印刷
书　　号：ISBN 978-7-5104-6418-8
定　　价：46.00 元

# 目录

序 | **无关颜值的专访** /001

第一篇 **金庸：写武侠是偶然，办报纸是最爱** /007

相关：她总是走到角落里 ——金庸夫人林乐怡印象 /015

邓友梅：厦门很有文化底蕴，要好好保护 /024

潘耀明：金庸做事胆识过人，平时嗜书如命 /035

第二篇 | **李敖：我在9月看到了春天** /073

第三篇 | **余光中：写作拥有美丽心灵** /085

相关：席慕蓉：诗是自己来找我的 /110

陈若曦：我的作品就是我的经历 /116

第四篇 | **北岛：诗歌之光照亮突然醒来的人** /121

第五篇 | **余华：不写永远没有，越写则越有** /135

第六篇 | **林少华：鼓浪屿最吸引人，不希望罩在村上春树的光环下** /149

相关：林少华：我和村上春树互相成全 /167

第七篇 | **陈丹青：事情做不完，没空老** /173

相关：陈丹青：办美术馆要克服四大毛病 /180

第八篇 | **白岩松：哪怕现场只有十个读者，我也要义无反顾地飞来** /185

相关：白岩松：两岸之间需要“脱敏” /195

第九篇 | **汪朗：学做花生汤，至今不得要领** /203

第十篇 | **苏北：喜欢汪曾祺，把《晚饭花集》手抄一遍** /215

第十一篇 | **元山里子：把中国美好的文化呈现给下一代** /227

第十二篇 | **谢泳：对“人”没有兴趣，书再热我也不关心** /237

第十三篇 | **钱理群：要重新认识脚下的土地** /245

第十四篇 | **陈漱渝：要读懂鲁迅，一定要了解中国近现代史** /259

第十五篇 | **王兆胜：林语堂成功有五大秘诀** /269

第十六篇 | **吴浩然：丰子恺在厦留趣事，纳闷 K 剃头** /279

第十七篇 | **李响：米卢是一个乐观善良的老头儿** /289

**附录 有趣的文章我都喜欢**——专访记者、作家南宋 /299

**后记 如鱼饮水** /312

## 序
# 无关颜值的专访

李泉佃

今年春节后不久，智明给我发了一则微信，说是十几年前，他受报社委派，采访了著名作家王蒙；从此一发不可收，又先后采访了二十多位文化界名家。这些专访见报后，引起了不小的反响。最近，他在整理书稿时，将一些近乎尘封的旧作，再翻检出来，读其文，如见其人，颇感亲切。在跟北京一出版社朋友分享时，朋友惊呼，如此好文，沉寂了可惜，朋友表示，愿为文章结集出版尽一己之力。

朋友的侠肝义胆，鼎力相助，让智明欣喜若狂，夜不能寐，马上给我发微信，要我为集子的出版写几个字，权当序言。

智明的盛情，让我诚惶诚恐，如坐针毡。这倒不是自谦。因为，书稿中的这些名家，大多是文化界泰斗，如金庸、李敖、钱理群、余光中、余华等，无不学富五车，才高八斗，满腹经纶，举世闻名。看他们的访谈录，如沐春风，如洗灵魂，大受启迪，甚是享受。在他们面前，才疏学浅如我若不知深浅，信口雌黄，简直就是班门弄斧、贻笑大方了。

但智明则不，我的这位比我年轻十五六岁的同事，他的积累，他的见识，他的经历，让他对他们评头论足，有的是讲不完的故事，写不尽的素材。

“智明，最近书市上有什么热门读物？”报社同事经常会就此请教于他。智明也不谦逊，眼睛一亮，如数家珍，滔滔不绝。

可是，你不问还好，一问，他告诉你的书目，常常让你顿觉汗颜，愧悔无地。有一次，我也是自讨无趣，也是问了同一问题；结果，他也是像打了鸡血似的：“我告诉你，《灿烂千阳》是卡勒德·胡赛尼继《追风筝的人》后的又一佳作。你想看吗？我明天带来给你。”我连忙摇手：“罢了，罢了，你就饶了我吧。”

智明嗜书如命，闻名遐迩。不要说厦门，大凡他每到一个城市，必是急不可耐，放下行囊，穿街走巷，不为别的，就为了搜寻当地的书店；即便是犄角旮旯的小书摊，他也不放过。

智明一介文弱书生，长年的伏案，使他的背过早显得有些微驼；他的手里，永远拎着一个印有某某书店字样的塑料袋，里面总是装着几本书。他每逛书店必买书，喜欢书，是一方面；另一方面，也为了表达对实体书店的敬意，他几乎不上网买书。

书实在太多，家里放不下，就堆办公室。他的办公桌，桌面桌底，满坑满谷，见缝插针，皆是书。

有的人爱书，是装装门面，做做样子，附庸高雅。智明不是，他除了家居琐事之外，就是数册书刊消永日、一窗昏晓送流年了。余华的小说，他看得如痴如醉；钱理群的论著，他啃得有滋有味；北岛的诗作，他品得不见全牛；林少华翻译的村上春树小说，他读得不知有汉。

这样的书虫，注定他与很多作家和爱书人要结下不解之缘。

一天傍晚，智明和妻子下楼，准备到岳父家蹭饭。往厦门禾祥西路和故宫路交界处走了三四十米，他突然站住了：刚才用电水壶烧水，插头拔了没有？他折回家里，结果，是错觉。这怕也是一个读书人常有的尴尬事吧？下楼时，妻子说自己要顺手去买一块窗帘，要智明到超市给女儿买两盒牛奶，再回岳父家。

结果，智明下车后往湖滨中路走了几步，看到对面走来一个高大的男子，正和边上的一位女子说着什么。男子转头时，智明几乎不敢相信自己的眼睛：这不就是林少华吗？九年前，智明曾采访过他。智明赶紧喊了一声："林老师，您好！您还记得我吗？"男子站住了，惊讶地望着智明，突然爽朗地笑了："《厦门日报》记者！小宋，记得记得，你的文章写得好；你们的摄影记者把我也拍得很漂亮，我多次用到他当年拍的几张照片。"他们就站在街边聊了三四分钟，得知林少华是陪家人到厦门旅行，刚抵达不久，智明感叹道，这与其说是一种巧合，不如说是一种缘分。

这样的缘分，对智明而言，不是一次两次的。

"余华要来厦门了。余华将在海峡两岸书市上推出新书《兄弟》。"这一消息在报社不胫而走，但最为激动的，莫过于智明。他是资深余华迷。1993 年，他在父母工作的闽北邵武一个镇上，买了余华的《在细雨中呼喊》，自己童年、少年的记忆一下子被唤醒了；从此，他逢余华作品必购读，甚至模仿余华，写起了小说。虽未曾谋面，但在智明心里，则一直把余华当作自己文学上的老师。

他酷爱余华，却常恨无知音对谈。前两年，报社来了个新人，比较羞涩木讷，常躲在办公楼一隅读书。忽一日，智明发现他也是余华粉丝，大喜，两人彻夜畅谈，相见恨晚。这位新记者，因家庭原因，不到一年就辞职了，但两人一直保持着联系，可算因余华而结缘。

智明淡泊名利，只想让自己离文学近些，再近些。

他1989年考入吉林大学历史系档案管理专业，可是不到一年，他就觉得索然寡味了；他深知，这不是他的方向。于是，他申请转入中文系汉语言文学专业，从此如鱼得水。有人认为，学汉语言文学是“万金油”，智明则认为，这是世上最好的专业，没有之二，乃至1993年毕业时，考进吉林大学古籍所从事古文字研究，他还是对文学牵肠挂肚、铭心镂骨，利用课余读了大量文学名著、文学评论，并开始从事文学创作。不过，我以为，接触大量古籍，也奠定了他的国学基础。

后来，智明加入创刊不久的《厦门晚报》。到了报社，想当专业作家，不太容易；报纸每天要出版，需要大量新闻支撑，尤其是晚报，以社会新闻、民生新闻为主。智明无怨无悔，将此当作深入生活、深入群众的契机，进车间、跑码头，甚至修马桶、洗水池，他从不喊累叫苦。他只有一个念头，为文学创作积累素材。

智明扎实的文字功底，引起了时任市委常委、组织部长于伟国的关注。于伟国看了他的新闻报道后，让组织部跟报社商量，将智明借调到组织部写文稿。无奈智明是典型的夜猫子，习惯昼伏夜出，上了两周班，就受不了机关八小时工作制，要求回报社。当时，我问他，想做什么，他说，当个读书版编辑，足矣。后来，夜班工作需要，他又二话没说，服从安排。只是，最近跟我说，他已过了不惑之年，能否再重操旧业？

我写这些，是想说，智明广泛的涉猎和深厚的积累，使他的专访，能够三言两语就挑起受访者的谈兴，引领读者进入文化大家恢宏而深邃的精神世界；他的文字功底，则使他采访这些人物时，寥寥几笔就切中肯綮，蕴藉隽永。读完这些访谈，李敖的能言善辩、妙语连珠，金庸的沉稳老到、举重若轻，陈丹青的睿智犀利、灵动率真，谢泳的理性平和、严谨清晰，余光中的锦心绣口、温文尔雅……无不跃然纸上，如在眼前。

一个时代有一个时代的作家，一个时代有一个时代的作品，一个时代有一个时代的文学生态。

随着社会生活的开放，文化消费的多元，也随着物质欲望的膨胀，生存竞争的激烈，视听取代了阅读，读图取代了读字，这些作家的作品，涉猎者也许没那么多了；然，他们，它们，灵气逼人，生气勃勃，以各自的生命体验，各自的视角和心智，各自的特征和实力，对社会，对生活，乃至生命现象，作出了富有内涵的理解和诠释。

在“颜值”泛滥的文化高热症侵蚀之下，能够独善其身，自得其乐，跟文化大家深情款款，如话家常，将他们的言谈举止、音容笑貌、道德文章，再现读者面前，光有功力还不够，还要有定力；而这些，恰恰是智明所具备的。

是为序。

2017 年 2 月 26 日于厦门日报社

第一篇

# 金庸：写武侠是偶然，办报纸是最爱

## 名片

金庸，原名查良镛，1924 年 3 月 10 日出生于浙江省海宁市，1948 年移居香港。当代知名武侠小说作家、新闻学家、企业家、政治评论家、社会活动家，“香港四大才子”之一 。

1944 年考入重庆中央政治大学外交系。1946 年秋，进入上海《大公报》任国际电讯翻译。1948 年，毕业于上海东吴大学法学院 。1952 年调入《新晚报》编辑副刊，并写出《绝代佳人》《兰花花》等电影剧本。1959 年创办《明报》。自 1955 年《书剑恩仇录》开始至 1972 年《鹿鼎记》封笔，共创作 15 部长、中、短篇武侠小说。曾把所创作的小说名称的首字联连一副对联：飞雪连天射白鹿，笑书神侠倚碧鸳。1970 年的《越女剑》由于金庸本人不太欣赏，因而未入对联内。

1985 年起，历任香港特别行政区基本法起草委员会委员、政治体制小组负责人之一、基本法咨询委员会执行委员会委员，以及香港特别行政区筹备委员会委员。2000 年，获得大紫荆勋章。2009 年 9 月，被聘为中国作协第七届全国委员会名誉副主席 。同年荣获 2008 影响世界华人终身成就奖。2010 年，获得剑桥大学哲学博士学位。

# 第一天：
# 办报很难，写武侠小说痛快

当真实的金庸出现时，我们的心情非常平静轻松。眼前的这位老人笑容慈祥、声音轻柔。

金庸的谦虚、儒雅让人如沐春风。他回答你的问题时，双眼真诚地盯着你；他不把自己当“大侠”，而是亲切地称我们“同行”“自己人”；他事先声明：“有些问题今天如果答不上来，容我回去好好想想，下一次见面的时候告诉你”；当许多摄像人员一哄而上，挡住提问者的视线时，他竟然孩子气地说：“你们不乖乖地坐好，我就不讲！”为了让远道而来的他早点休息，主持人宣布采访结束，“大侠”反而有“意见”：“我们聊得挺开心，多给点时间吧！”

在平和的气氛中，我们慢慢走进了他的内心世界。当日下午，在金庸下榻的泉州酒店，他愉快地接受了厦门日报社和泉州晚报社记者的联合专访。

## 关于办报：报纸水平反映市民素质

记者：您还未到厦门、泉州之前，想象中的厦门、泉州是什么样子的？

金庸：泉州我是第一次来，而厦门在八年前即已来过，到过鼓浪屿、南普陀，很美！厦门、泉州都是很有文化的地方，这从《厦门日报》《泉州晚报》就可看出，我办报纸几十年了，深知报纸是一个地方

金庸的谦虚让观众如沐春风。（郑晓东　摄）

的门面，报纸办得好，说明这个地方有文化，这个地方的读者有水平，有水平的读者就要求有水平的报纸，否则就要骂报纸了，而今天我一下飞机就读到了《厦门日报》，就知道厦门是个有文化的地方。

泉州是著名的港口，我在浙江大学上过历史课，向学生们介绍过泉州，我招博士生也把泉州列入出题范围。今天，我从香港飞到厦门，再从厦门到泉州，一路上美不胜收。此时，我又面对着这么多年轻有为的记者，以前我曾在其他地方遇到一些记者，他们总问一些不三不四的问题，我干脆不回答他们，而你们，我很愿意与你们交流。

**关于武侠：写武功是想象力的问题**

记者：知识来源于实践，您不会武功，为什么能写得那么出神入化？

金庸：这就是一个想象力的问题了，正如我笔下也写过许多美女，生活中，我也没法和这么多美女接触，但想象力帮我实现了。

记者：您的武侠小说已经达到一个高峰，会有人超过您吗？

金庸：时代进步太快，很多事都说不准。

记者：您会设立一个基金会，来鼓励武侠小说创作吗？

金庸：不会。文艺创作不是靠钱来刺激的，它是一种个人化的、无功利的劳动。把钱捐给穷人，或者办学校，更有意义。

记者：现在电视上一直在热播由您的著作改编的电视剧，您是否会担心读者因为看了这些电视剧而不想再读您的著作？

金庸：小说好，还是电视剧好，读者自然能够判断，这正如一个题材可由歌剧来表达，也可由芭蕾舞来演绎，但是一个喜欢歌剧的人不会因为看了芭蕾舞而不再看歌剧。

记者：您对那些改编自您武侠小说的影视作品满意吗？

金庸：如果要改编我的小说，请不要改得太离谱。改得好一点的，还可以，但我没有见到改得好的。比如，我笔下的关于男人看到漂亮女人的反应，就没有哪部改编的电视剧能够表现出来。

记者：您会亲自把自己的小说改编成影视作品吗？对 1983 年版的《射雕英雄传》怎么看？

金庸：我绝不会改编自己的小说。1983 年版的《射雕英雄传》还是改动太大，翁美玲演的黄蓉虽然较为成功，但和小说中的黄蓉相比，还是差得太远。

记者：您曾经认为李安导演电影拍得不错，您会找他来拍根据您的小说改编的电影吗？

金庸：我从来不找别人来拍，都是别人找我。

**关于英雄：他们的付出首先是为了成全自己**

记者：您的笔下有许多英雄人物，能否给英雄人物下个定义？

金庸：我笔下更多的是侠士，侠士与英雄是有本质区别的。侠士不顾自己的利益，为了社会、大众和公道，他们可以为大义挺身而出，在匡扶正义中实现自身的价值。而英雄则不一定是为了社会、为了大众，英雄所做的事情更多的是为自己，他们是为了自己的成功而努力，他们的付出首先是为了成全自己。

记者：您认识那么多人，谁能称得上您心目中的“侠之大者”？

金庸：邓小平，他把国家和人民引上一条富裕之路。

**关于作品：我的书在传达侠义上还没成功**

记者：您曾说，写武侠小说的目的就是为了传达正义，而现在社会上仍然侠义不足，请问，文学作品在传达侠义精神方面，到底有多大的效果？

金庸：我的小说在传达侠义上还没成功！但是，我仍然坚持传达侠义的目的。文学能够打动读者的心灵，对好的东西褒扬，对坏的东西批评，从而达到净化人们心灵的功能。

记者：您对创作要求很严格，不断地修订自己的作品。不知这项工作进展如何？

金庸：《倚天屠龙记》已经改好。《天龙八部》已经是第五次修改了，还未完成，一度改动较大。后来一位看过修改稿的北京朋友告诉我，还是原来的意境更好，我接受他的建议，原则上不做大的改动。

我对部分小说进行修改，是为了使作品更完美，如果有读者对修改部分不满意，请写信告诉我，下回修改时我可以再改回去。

**关于人物：想让韦小宝吃点苦头**

记者：一见之下，我觉得您是一位慈祥而开朗的老人，有点像洪七公和周伯通。

金庸：我很欣赏周伯通的人生态度，学武功纯粹是为了好玩，而没有考虑去争江湖地位。我当初写小说，也是为了好玩。做任何事都需要这种超脱的精神。

记者：韦小宝这个人物呢？

金庸：这个人物本身刻画得较为成功，搞得许多年轻人都喜欢，有些人还模仿他的生活方式。这违背了我的本意，我是带着批评的态度来写这个人物的。韦小宝在小说中活得太舒服了。我准备在新修改的《鹿鼎记》里让他尝点苦头。

记者：您笔下的美女、美男如云，请问您心目中美的标准是什么？

金庸：我反对用美男、美女对人进行划分。人长得美固然是好事，但人长得美丑是自己无法控制的，连生养我们的父母都无法控制，很多都是由基因造成的。一个人脸蛋很丑，但心地善良，他就是美的；一个人对社会有所贡献，他再怎么丑也是美的。外表美不美不重要，人格美，才是最重要的。

### 关于工作：凡事不要轻言放弃，要咬牙坚持

记者：办报与写武侠小说有何相通之处？

金庸：办报很难，写武侠小说痛快。我的武侠小说一开始就受到读者的欢迎，所以，我就一本本写下来。而办报太难了，我甚至觉得，早知道这么难，我就不办了。但是，办报，每克服一个困难就是提高了一步。

记者：是什么力量支撑着您工作？

金庸：凡事不要轻言放弃，要咬牙坚持。

### 关于同行：佩服巴金，喜欢沈从文

记者：据说在中国现代作家里，您最喜欢沈从文，现在仍然喜欢吗？

金庸：是的，沈从文的小说和散文，真挚感人，读来十分亲切，我仍然很喜欢他的作品。

记者：您佩服中国哪位作家？

金庸：我佩服巴金。一个作家文章不一定很优秀，但人品一定要高，巴金身上有中国作家难得的人格美，我很欣赏。

### 关于自己：看女排比赛会紧张得闭上眼睛

记者：先生博览群书，不知对哪部书最为喜爱？

金庸：司马光的《资治通鉴》，这部书的内容丰富，文字简洁生动，是我的案头书，每天读几段，是极好的享受。

记者：您说要写一部给老百姓看的《中国通史》，进展如何？

金庸：要看的材料不少，我也正处在学习阶段。我会侧重从人类的

生活史的角度来写。

记者：您在中学时代很喜欢体育，像今年的奥运会您收看了吗？

金庸：从头看到尾。

记者：中俄女排的决赛您看了吗？

金庸：哪能不看？比赛的最后阶段太紧张了，我都吓得闭上眼睛。

记者：厦门有十多座无居民岛，您会买一座改造成桃花岛吗？

金庸：买不起啊。买得起也不会买，喜欢一个地方不一定要占有它，游览一下，把美景记在心中就很满足了。

相关

## 她总是走到角落里

——金庸夫人林乐怡印象

与金庸被记者团团围住的热闹场面相比，金庸的太太林乐怡坐在角落里显得很安静，也许这是她想要的。从走出机舱的那一刻起，她就一直与金庸保持一段距离，走进电梯，她也会退到最角落里，到了会客室，当金庸走向最中心的座位时，她却坚定地坐到角落里。

她看起来比金庸年轻许多，可以想象她年轻时的风姿，而即便是现在，她依然显得高雅、矜持，白皙的皮肤、瘦削的双肩、细长的手指。翡翠绿的上衣把她的脸映衬得更白更静了。黑色的长裤下是一双银色的绣花鞋，使人忍不住低下头多看几眼她小巧的脚。

传说她不欢迎记者，其实她只是不欢迎记者打探她的私人生活。多数时候，她显得很温和。在电梯里，她既好奇又关心地问本报摄影记者："这相机很重吗？"当年月想为她倒杯水时，她笑笑说："谢谢！我在飞机上喝了很多了！"并温和地让年月在她身边坐下。

但年月还是忍不住问了她一个问题："如果把金庸比作一部经典著作，您就是他最近距离的读者，那么，他身上最精彩的章节、最难懂的地方、最枯燥无味的篇目都是哪些？"

她微笑着，却说道："我最喜欢他的《白马啸西风》。"尽管"答非所问"，但她还是说出了自己的阅读喜好，这里是否也传递着对金庸的喜好呢？

年月在她身边只坐了几分钟，一直没有告诉她自己是记者，因为年月希望在这几分钟里，她对自己少些戒备。离开时，她像对一位小妹妹那样对年月说："有点晕机。"年月捧起了那束早就为她准备好的鲜花，真诚地送到她的面前："我是《厦门日报》记者！"

她有点吃惊，但微笑并没有消失："我对花粉过敏，但我收下你们的心意！"

采写：《厦门日报》记者　宋智明　黄圣达　楚燕　年月

时间：2004年11月23日

## 金庸下周"论剑"五老峰

"千古文人侠客梦"。带着这个美丽的梦，大侠金庸将于下周登临鹭岛，论剑五老峰。

金庸大侠风采依然。（郑晓东　摄）

应《泉州晚报》、《厦门日报》、华侨大学、厦门大学之邀，80岁高龄的金大侠即将展开他的厦门、泉州之旅，据悉，这是他第一次在福建的公开活动，也是第一次应媒体的邀请出行。大侠在闽期间，本报与《泉州晚报》两家主流媒体也将强强联手，向广大“金庸迷”全程传递他的侠踪。

金庸哪一部武侠写得最好？他笔下哪个女孩最可爱？谁是“金书”中的第一大侠？……关于金庸，永远有说不完的话题、解不完的疑问。

此次金庸来厦，将在厦门日报社与读者记者布阵“论剑”，探秘盖世武学；也将深入厦门和众多爱好者“推手”武功，细数武术源流。届时，厦门的“金庸迷”不仅有机会一睹武林盟主风采，聆听前辈口授武学之道，更有机会当面向金大侠“问道”，一解心中疑惑，近距离感受大侠魅力。

采写：《厦门日报》记者 黄圣达

时间：2004年11月17日

## 儒雅金庸微笑走来

2004年11月23日中午，金庸先生乘坐CZ382次航班从香港飞抵厦门，不但《厦门日报》和《泉州晚报》的部分记者、读者组成热烈欢迎阵容前往机场迎接，厦门航空公司、厦门高崎国际机场、高崎边检站等相关单位还给予他贵宾礼遇，专门开辟了“绿色通道”，金大侠在鹭岛受欢迎程度可见一斑。

儒雅金庸微笑来厦。（郑晓东　摄）

13 时 30 分左右，飞机停靠厦门空港；13 时 45 分，80 岁高龄的金庸带着他惯有的儒雅笑容缓缓步出舱门。机场工作人员立刻推出早已备好的轮椅，金庸见状微微一笑，轻摆左手，礼貌地拒绝了。

接过记者手上的鲜花，金庸笑得十分灿烂，光洁的额头上几乎看不到皱纹。当得知记者来自《厦门日报》时，老人轻轻“哦”了一声说：“谢谢你们！七八年前我曾经来过厦门，这几年厦门发展很快啊！”

搀扶着金庸先生走过 9 号廊桥，通过卫检、边检，老人始终温和地笑着。刚进入国际到达厅，列队候机的人群立刻沸腾起来。人们抢着同他打起招呼。金庸也挥着右手，微笑着向众人问好。

在机场边检接待室，金庸与厦门日报社和泉州晚报社的部分记者、读者见面，并欣然为本报读者一一签名。随后，金庸一行搭乘汽车赶往泉州。在那里，他接受了本报和泉州晚报社两家媒体的专访，并参加了一个小型的媒体记者见面会。据悉，金庸不日就将返回厦门并作短暂停留。

在机场边检接待室，记者把本报 11 月 21 日关于叶珉回忆金庸的报道《当年同学年少，六秩难忘江湖》递给金大侠。原本打算请他签名，没想到他竟问道：“这张报纸能不能送给我？”记者当即愉快地将报纸送给他。随后，他欣然为本报题词：“向《厦门日报》读者问好！”一边题词，他还一边亲切地和记者拉家常，最后特地在 11 月 21 日《厦门日报》的刊头旁边写下记者的姓名并签下他自己的名字。

此次与金庸同行的有他的夫人林乐怡；中国作家协会名誉副主席、著名作家邓友梅先生；香港明报出版社、明窗出版社总编辑兼总经理、《明报月刊》总编辑兼总经理潘耀明先生。

采写：《厦门日报》记者 黄圣达 实习生 杨慧娜

时间：2004 年 11 月 20 日

# 第二天
# 选择当报人，首先要学会做人

金庸不仅是一位优秀的小说家，更是一位杰出的报人。相对于小说，金庸更看重自己在办报方面取得的成就——他亲手创办的《明报》是香港公信力最高的报纸之一，在华文报界树立了一座丰碑。

就像金庸小说中的武林高手为了提高技艺，苦苦寻求武林秘诀一样，在这个传媒竞争日趋激烈的时代，报人们也迫切希望得到秘诀。

24 日下午，金庸先生与厦门日报社、泉州晚报社采编人员进行了一场激情对话，向闽南报人传授了自己的办报“秘笈”。先生一生坚持的办报理想和做人原则受到了新生代报人的尊敬，现场掌声不断。

## 写小说不是我的本职工作

记者：您曾是一名杰出的报人，同时又是享誉中外的小说家，在您眼里，哪样才是您的本职工作？

金庸：我从 1946 年开始在《东南日报》做记者，以后在《大公报》工作，后来创办《明报》。我做过记者、报纸英文翻译、国际新闻编辑、总编和社长，除了排字工没做过，几乎跟报纸有关的活儿都干过。我当了 50 多年报人，退休了还一度写社论。办报是我真正本职的、熟悉的工作，我是一个名副其实的报人。

我非常喜欢办报，这一爱好是发自内心的，并为此付出了大部分的精力。

后来因为偶然的机会写起武侠小说，没想到受到大家的欢迎，这其实也是为了办好报纸，因为武侠小说的连载能够吸引不少读者，为报纸赢得固定的订户。

记者：您的评论写得很精彩，在香港受欢迎程度不亚于您的武侠小说，在您看来，写武侠小说与写评论哪个更难？

金庸：当然写武侠小说会更容易一些。因为武侠小说可以展开想象，对细节的描写即使有出入，读者也能理解；写评论就难了，因为它要求作者有丰富的阅历，很强的判断力和独到的见解，而且要尊重客观事实，语言要严谨准确。

## 办报纸我敢说自己是内行

记者：作为一位经验丰富的报人，您认为如何才能办好一张报纸？

金庸：一份报纸办得好不好，一看记者的采写水平，二看报纸的销售量。这个我敢说自己是内行，就像做杯子的工匠（金庸拿起面前的一个杯子），看到一个杯子马上知道它的质地怎么样，做工如何。一份报纸，如果错别字很多，编排很随意，读者不欢迎，这张报纸就不易生存。

现在不少报社盖起高楼，楼里设备的电脑化程度很高，这是我当年办报时绝对无法做到的。有高楼和先进的设备固然很好、很有必要，但是，优秀的人才才是办好一张报纸的关键，这就要求记者和编辑要拥有独立的精神和独到的见解。

## 要为自己的文字负责

记者：现在的记者大多追求高效率，写稿出手很快，对文字不太讲究，您认为合理吗？

金庸：当好一名报人，高水平的文字功底是必需的。我在《大公报》工作过一段时间，那里有一个很好的传统，就是对文字的要求很高。报社内部有很多规矩，比如说，某个字可能有两种不同的写法，或者一个句子的某个地方有两个字可供选择，《大公报》有明确规定，哪个字可以写，哪个字不行。我到《大公报》的最初两年，上司都在教我这个。后来在《明报》，我还自己动手编撰了一本《通用字手册》，记者和编辑用词用句就规范了。退休后我对《明报》《明报月刊》等依然十分关注，如果看到他们有错字错句，就会写字条给他们。我想，报人应该对自己的文字负责，因为报纸不仅属于记者或报社，也是属于社会的、属于读者的，因此，一定要有一个规范。现在在香港，还有不少读者参照《明报》的用字标准写文章。

写文章一定要简洁生动。这一点大家可以向这次与我同来的作家邓友梅先生学习，他的小说《那五》《烟壶》语言平易而有韵味，让人一读就喜欢，不舍得放下，记者要学会运用这种有特点的语言。

## 请试着抵抗一下引诱

记者：您的办报理想是什么？

金庸：我当初办报，并不是为了挣多少钱，而是想办一张公正的报纸，努力办一份全世界最好的中文报纸。我们凭自己的良心说话，不欺骗读者，公正地评论时事，因此，《明报》成为香港公信力最高的报纸。

我特别希望记者讲真话。人民看不清、听不见的，新闻工作者应该帮他们看、帮他们听；人民没地方说的，新闻工作者应该帮他们说。

记者：办报中会受到来自方方面面的压力，我们应该如何面对？

金庸：选择当报人，首先要学会做人，一定不要做坏人。记者如果讲不了真话，可以选择沉默，千万别讲假话；不要做有偿新闻。人家有求于你，塞给你钱，你可以不拿，不为别人说好话。这样你的良心才会平安。要赚钱不一定要做记者这行，既然选择了做记者，就要负起责任。我办报的过程中遇上过许许多多的困难，有时候也会遇到诱惑，但是最终都挺过来了。试着抵抗一下引诱，对将来很有好处。

相关

## 邓友梅：厦门很有文化底蕴，要好好保护

邓友梅，1931年出生于天津，原中国作协副主席，现任中国作协名誉副主席。代表作有《在悬崖上》、《追赶队伍的女兵们》、《话说陶然亭》、《寻访“画儿韩”》、《那五》和《烟壶》等。24日下午，随行的邓友梅先生愉快地接受了本报记者的采访。

### 我和金庸通过作品神交

记者：金庸曾经说过“大陆作品满嘴噙香中国味的当推汪曾祺和邓友梅”。您觉得金庸先生这样评价的根据是什么？

邓友梅：金庸先生这么评价除了出自于我们之间的友情、出自于我们彼此互相欣赏，还在于我的作品所体现的民族风格、所充溢的民俗风情和民俗之美。例如，我的小说《烟壶》，就从“壶里乾坤”表现社会历史风云，这是我与金庸先生作品的一个共通之处。我们人未认识，却已通过作品有了神交，读着对方的作品心中有感觉、有默契。

邓友梅对厦门印象很好。（郑晓东　摄）

记者：后来，你们又是怎么认识的呢？

邓友梅：二十多年前，我们在香港相识了，金庸邀请我到他家里做客，他说："以后咱们之间就是老朋友了，不要再讲过多的礼数。"这时候，我们能够互通的地方就更多了，如对作品语言的要求。写小说，编故事不难，难的是写出有魅力的语言，我们很少用形容词，而是力求以最形象的语言去描写。像金庸的武侠小说，想象的成分很大，但金庸先生把想象描述得如此生动，这就可见语言功力了。

## 金庸小说应该归入通俗小说

记者：您曾把金庸的武侠小说归入通俗小说，可金庸似乎不怎么喜欢“通俗小说”这个界定。

邓友梅：我首先必须强调一点的是，文学有通俗文学与纯文学之分，但并不表示，纯文学作家一定高于通俗文学作家。纯文学领域也有许多不好的作品、不好的作家，在通俗文学领域也有许多优秀的作品、优秀的作家。金庸小说属于通俗文学，但金庸的史学根底和外国文学修养，他对作品精益求精的创作作风，还有作品本身的影响力是许多纯文学作家所无法企及的。文学种类不同，对作家的道德要求却是相同的，纯文学也好，通俗文学也好，都要既有趣又有益。

## 纯文学的前途还是乐观的

记者：您觉得纯文学还能重现昔日辉煌吗？

邓友梅：今天整个文学界，无论是创作自由度还是创作数量都是历史上最高的，但是，精品却不如以前多。这与文化的多元化有着密切联系，人们的业余时间能够消遣的活动很多，不可能再像过去那样只是读文学作品，这是作家不得不面对的。反过来，现在有一批作家，生产出更容易挣钱的书——当然，只要对社会没有坏的影响，让作家谋取利益也无可厚非。但是，现在像传统作家那样安下心来搞创作的人相对少了些。不管怎样，越是在市场经济条件下，我们越要追求文学理想。对纯文学，我还是乐观的。

记者：年轻作家应该从老一辈作家身上继承哪些优良传统？

邓友梅：老一辈作家中，有不少是我所尊敬的，比如老舍、沈从文、巴金，其中巴金先生我十分推崇，他的为人为文都是那样地打动人心，特别是他敢于解剖自己，敢于面对自己灵魂的另一面，做真人、讲真话，这种勇气和精神，一直是我学习的榜样。老一辈作家身上的这种为了文学理想而不惜付出一切，置名利于身外的精神是年轻作家最缺乏的，也是最值得年轻作家学习的。

### 消失了的文化遗产不可能再生

记者：这些年，您和冯骥才都在为保护历史文化遗产奔走呼吁，效果如何呢？您对厦门在保护历史文化遗产方面有何高见？

邓友梅：效果不好，甚至是没有效果！北京城墙早拆了，北京胡同一条条消失了，全国各地的珍贵的历史文化遗产在以分秒计算的速度消亡，我真的非常痛心。我不是好古成癖，而是因为历史文化遗产是一座城市的珍贵记忆，消失了就不可能再生。

厦门，我在十几年前来过，当时到了南普陀，发现南普陀还没有像开元寺破坏得那么严重，很高兴。我很想寄语厦门人民：厦门是个很有文化底蕴的城市，要好好保护，如果有一截断了，就衔接不上了。

## 幸福的“健忘”金迷

——邓友梅夫人韩舞燕印象

与金庸夫妇一起“游山玩水”，韩舞燕不止这一次，前不久他们才一起去了九寨沟。韩舞燕在此次厦泉之行中，同样引人注目，不只因为她是邓友梅的夫人，同时，她还是一位资深“金迷”，喜欢金庸作品已有二三十年了。她有个奇怪的特点，很喜欢读，但每次读过一段时间就把故事情节给忘了，这样又可以幸福地像读新书一样再读一遍。

韩舞燕退休前是新华社香港分社记者，与金庸夫人是挚友。她和金庸的第一次见面是在20世纪80年代初，那次，邓友梅到香港参加一个文学盛事，金庸也在其中，两人相识后觉得很投缘，金庸便邀请邓友梅和韩舞燕到家里做客。不过，韩舞燕对那次做客经历很保密，没透露蛛丝马迹，不过，有一点是可以肯定的，做完客，两家就有了亲密的往来。难怪，韩舞燕与金庸夫人一路上总是窃窃私语。

韩舞燕出生于桂林，在香港长大，早在1985年，她就和邓友梅一起到过厦门，而且一住就是一星期。那年，他们下榻的地方是在鼓浪屿，日光岩、菽庄花园等地，他们在二十年后还记忆犹新。那时，每天早晨夫妇二人携手到海边散步、捡贝壳，回来后再写写文章、会会文友，不亦乐乎。那一年，他们还去了南普陀。说起二十年前的厦门之行，韩舞燕陷入了沉思，开元寺的菩提叶飘飘洒洒地落在了她粉红色的披肩上……

采写 :《厦门日报》记者　宋智明　黄圣达　年月

时间 : 2004 年 11 月 24 日

## 第三天：
## 张纪中：老爷子一句话，我必须飞过来

犹如“神兵天降”，金剧“钦定”导演张纪中的突然出现，把金庸先生的泉厦之行推向又一高潮！这次活动本来没张导什么事，金庸一个电话：我来福建了！张纪中立马从北京“飞”了过来。

张纪中的那把大胡子衬得他愈发像一个“侠士”，他也的确有“侠士”的豪爽。在泉州酒店大堂等候金庸先生出现的15分钟里，张纪中应记者们的要求开了一个即兴“新闻发布会”。他有问必答，记者们也没有拘束，一个个问题像一支支飞箭射过来，张纪中“腾挪自如”。难得的是他的平易近人，不论是谁，只要想和他合影，尽管搂住他的肩膀吧。

金庸先生从楼上下来了，张纪中迎上前去，问候道：“老爷子，累不累？”本来张纪中见见“老爷子”就要走的，“老爷子”邀请他一起到南少林寺观看武术表演，他只好多耽搁一会儿了。这给了本报记者一个大好时机，除了一位记者跟随金庸先生外，其他两名记者一左一右贴在张纪中身边，继续向他“轰炸”。张纪中非常配合，我们得到了想要了解的一切信息。得知我们是《厦门日报》的记者，他欣然提笔为我们写下“逐鹿报坛问鼎东南”和“向厦门日报读者问好”。据他透露，明年他将开拍金庸的巨著《鹿鼎记》，为本报的题词正是从“鹿鼎”二字化来。

在老君岩像前，张纪中被热情的观众围住了，大家纷纷上前合影。

金剧“钦定”导演张纪中比较忠实于原著。（郑晓东　摄）

边上一位卖胶卷的青年男子见状，置手头的生意于不顾，也赶上前搂住“大胡子”的肩膀就让人拍照，拍完意犹未尽，后来又拍了两次，张纪中并不恼。

记者问那位青年男子：“你知道他是谁吗？”

“管他是谁，这位大胡子一看就招人喜欢。”青年男子说。

## 20 年前，我是南少林的“传人”

记者：您曾到过厦门，印象如何？

张纪中：我在厦门拍过一个关于家庭的电视剧，印象不错。前不久还应福建电视台一位朋友的邀请，在鼓浪屿对面的一座楼里住了一晚，很安静。

记者：有打算把《神雕侠侣》的部分场景放在厦门拍吗？

张纪中：厦门太现代化，怎么拍历史戏呀？

记者：我们那里有个同安影视城，条件不错，你可以试试。我们还有一些无人居住的岛屿，很有特点。

张纪中：是吗？有机会我到厦门考察一下。

记者：以前来过泉州吗？

张纪中：20 年前就在泉州拍过《台岛遗恨》，当时我是演员，和王馥荔演对手戏，我是南少林的传人，当时就在开元寺拍的戏。印象中泉州三轮车很多，海鲜很好吃。

## 李莫愁抱着郭襄骑着豹子跑

记者：正在拍摄的《神雕侠侣》进展如何？

张纪中：很顺利。最近刚到雁荡山取景，那里大概要拍十多集，断肠崖、活死人墓、洞天福地、重阳宫、华山雪景……可能都在那里拍。整部戏要明年 6 月才能拍完。

记者：是否打算在《神雕侠侣》和下一部武侠片《鹿鼎记》里客串一下演员？

张纪中：会的。每一部戏里我都会客串一下，演个小角色，老了自

《厦门日报》记者采访张纪中。（郑晓东　摄）

己翻出来看看，很有意义。在《神雕侠侣》里，我将饰演耶律楚材。

记者：拍《神雕侠侣》最困难的是什么？

张纪中：我拍金庸武侠的一个特点就是，不会对原著改得太厉害。而金庸小说拍成电视剧，最难的就是一些细节如何变成影像；所以，港台片遇上这种情况就干脆把情节改了。比如《神雕侠侣》中李莫愁抱着郭襄骑着豹子跑的那段，很难拍出来，以前每个版本的电视剧《神雕侠侣》都把这一段改掉。查先生也跟我说，如果很难拍的话就改掉吧。但我们认为，这一段十分精彩，观众喜欢看，所以一定要把它拍好。

**找七个主持人给韦小宝当老婆**

记者：您这次来福建找金庸先生，打算谈些什么事？

张纪中：主要想谈谈我们合作的下一部戏《鹿鼎记》的问题。《鹿鼎记》太难拍了，我拍动作戏习惯了，反武侠怎么拍啊？到时候拍出来你们愿意看就好了。

记者：《鹿鼎记》何时开拍？韦小宝找什么样的人演呢？

张纪中：明年年底开拍吧。演韦小宝的可能个儿不能太高，（指着身边一个身材较高大的记者）像他这样的就不行。以前梁朝伟把他演得很机灵很可爱，比较传神。我想，饰韦小宝的演员不能太成熟，年纪不能太大，所以，很可能会选新人。

记者：金庸先生对韦小宝是持批评态度的，您怎么看？

张纪中：查先生 80 岁了才说这话。他现在和年轻的时候不同了，现在他是查先生，不是当年的金庸。我认为，《鹿鼎记》是一本反武侠、反历史的杰出作品，集中国反讽大全于一书，里面有对国人劣根性的深刻批判。这种批判要体现出来，对原先的作品就不应做太大改动。你实在要往“诱导青少年”那方面想也没办法了（无奈地摊手）。

记者：金庸先生打算修订《鹿鼎记》时，让韦小宝吃点苦头，比如可能让他当和尚去。您的片子结局部分将如何处理？

张纪中：我们的片子不可能修改原先的结局。也就是说，韦小宝到最后还是会拥有七个老婆。

记者：谁来演韦小宝这七位各具特色的夫人呢？

张纪中：还没定。我有这么个想法，韦小宝的七个老婆就在各个省电视台的主持人里挑，每个省找一个，将来拍出来的片子要在这些电视台播放也方便些，起码他们会很重视（笑）。

记者：拍完《鹿鼎记》还打算拍金庸其他武侠吗?

张纪中：接着拍！能拍多少是多少！

## 金庸都说我拍他武侠拍得最好

记者：您现在还经常翻看金庸先生的武侠小说吗?

张纪中：他的武侠我都看过，但最多的也就看过两三遍。

记者：很多人对您拍的《笑傲江湖》不是很满意?

张纪中：那是因为咱刚开始拍武侠片呀，后来就越拍越好了。拍得好不好，你可以问问金庸先生，他都说我是拍他武侠拍得最好的（笑，颇有得色）。

记者：从前面几部吸收了什么经验教训吗?

张纪中：也不是什么经验教训。主要是拍多了，越来越能感受到那种侠义之心。原来拍《笑傲江湖》的时候还会故意让演员很酷地来那么几下，现在让胡军拍乔峰，包括现在拍郭靖、杨过，都更注意体现那种为国为民的大侠风范。

记者：您在拍了几部金庸武侠后名气大增，是金庸作品的魅力大还是你的片子魅力大?

张纪中：当然是金庸先生的魅力大了，我没有什么魅力（挥手大笑）。不过我拍的很多非武侠片也好。比如《激情燃烧的岁月》，你难道认为不好吗?

记者：到目前为止您最满意的是哪部片子?

张纪中：武侠片很难拍得完美，我最满意的作品还是《激情燃烧的岁月》。

相关

## 潘耀明：金庸做事胆识过人，平时嗜书如命

金庸先生此次泉厦之行进展得如此顺利，离不开他的挚友、泉籍著名作家、香港《明报月刊》总编辑兼总经理潘耀明的热情邀请和细致安排。潘耀明先生本身也是香港的名人，或许受金庸的影响，这位名人同样待人随和，没有一点架子。初次见面，他会主动递给你名片；对绝大多数媒体的采访要求，他总是很爽快地答应；你提的问题很尖锐，他也是笑容相迎，耐心作答。"我们都是同行，干这一行不容易。"他说。

金庸和潘耀明是亦师亦友的关系，这使得潘耀明能够认识到金庸的真实的一面。当天晚上，通过潘耀明的介绍，一位尊重文化人、懂得企业管理和热爱学习的金庸在我们眼前清晰地呈现出来。

### 金庸此行：缘于海上丝绸之路

记者：金庸先生作为大名人，行程一向紧张。据说出行计划都安排到了 2006 年。您能介绍一下他的泉厦行是如何完成的吗？

潘耀明：我的老家在泉州南安，认识金庸先生后，一直想请他到我

潘耀明接受《厦门日报》记者宋智明的采访。（郑晓东　摄）

的家乡看看。我的母亲1989年从香港返回泉州定居后，我每年都要从香港回来两次。一次，我在街头散步时，竟然听到几乎快要失传的南音，当时我特别感动，眼泪差点流出来。在现代社会里，一些优良的传统文化逐渐消失，而在泉州，这些传统文化却保存得较好。这也使我有信心向金庸先生建议来泉州一趟。金庸先生也很开心，他说，好啊，陆地上的丝绸之路我走过，海上的丝绸之路还没走过。而泉州，正是古代海上丝绸之路的起点。

记者：相信厦门也会给金庸先生留下美好印象。

潘耀明：其实金庸先生到过厦门多次。最近的一次是20世纪80年代中期，金庸先生应邀参加香港基本法起草委员会，到厦门参观过。这次金庸先生的行程很紧，香港那边还有一位重要的英国朋友要会见，今后争取有机会在厦门多住几天。

## 金庸待人：对文化人非常尊重

记者：您曾经担任香港三联书店董事兼副总编，地位和待遇都不错，是什么原因使您辞职转投《明报月刊》的?

潘耀明：主要是为金庸先生的个人魅力所吸引。此前我和金庸先生只是点头之交。我长期给《明报月刊》写一些文化性的专栏文章，认识时任《明报月刊》总编辑的董桥。1990年的一天，董桥打电话给我，说金庸有事要见我。我一向敬仰金庸先生的为人，听到这一消息，感到很意外，也很激动。

我来到金庸先生的办公室，他的办公室很大，四壁皆书，给人一种“坐拥书城”之感。金庸先生对我很客气，让我先坐下，他来到办公桌前，在一张纸上写着，然后把那张纸递给我，我一看，又惊又喜，这竟是给我的聘书！金庸先生要我担任《明报月刊》总编辑兼总经理。《明报月刊》在海内外文化界有崇高的地位，之前几任主编金庸先生、胡菊人、董桥等都是香港报界很有名望的人，但他们只当总编辑不兼总经理。

我知道金庸先生的良苦用心。《明报月刊》因为坚持高格调、高品位导致销量下降。此前我花了十多年的时间，在三联策划出版了一套较为庞大的《世界华文文学大观》，取得不错的社会效益和经济效益，在海内外较有影响。金庸希望我接手后，在文化和市场之间取得平衡，让我兼总经理就是要搞好杂志的发行工作。冲着金庸对文化人的尊重，我当场在聘书上签了字。

## 金庸办报："厚度"人们难以企及

记者：金庸先生创办的《明报》已经赚了不少钱，为何还要办赚钱少而慢的《明报月刊》呢？

潘耀明：这就是金庸先生的过人之处。他认为财产分有形和无形两种，无形财产比有形财产更有价值。《明报》是商业机构，需要文化上的包装，才能提高品位。他创办格调高雅利润不高的《明报月刊》，是为了帮《明报》创品牌。经过多方努力，《明报》的利润较前增加了近三十倍。

金庸先生对投资有自己的一套，他曾经举例：买股票，不能随大流。股票狂涨的时候放弃，而在别人放弃的时候买进，结果经常如他所料。你想想，这种反其道而行之的做法需要多大的胆识和定力！

记者：在20世纪20年代至40年代，不少优秀的作家办报，都取得了成绩，如巴金、沈从文和萧乾等。现在作家和报人很难兼得，您也是一位成功的作家和报人，对此有何看法？

潘耀明：和老一辈的文化人相比，他们的"厚度"是我们难以企及的。像沈从文，既是作家，还是学者。金庸先生也是，精通英文、法文，看很多书。他们都不是只会写写文章而已。他们身上最可贵的，还是思想上有一种终极关怀。他们有理想，有追求，能够客观地看待人与事，认准了一件事，就义无反顾地做下去。

现在的年轻人相对比较浮躁，价值观多变，又不肯吃苦，在文化积累上不肯下硬功夫，喜欢取巧。金庸先生的知识够渊博的了，但他时刻都在学习。他到哪里都要看书。有一年到日本，一有空就拉着我往书店跑。快回香港了，我们到一家书店看书，一直看到该去赶飞机了，才依依不舍地离开。

名片

潘耀明，笔名彦火、艾火等，曾做过香港报刊记者、编辑、主编。1985 年获美国纽约大学文学硕士学位。现任明报出版社、明窗出版社、明文出版社和《明报月刊》总编辑兼总经理。为中国作家协会会员、香港作家联会执行会长、美国“爱荷华国际写作计划”成员、世界花踪文学奖终身评审委员、香港大学金庸基金委员会委员、香港岭南大学语文委员会顾问及香港特区艺术发展局顾问等。著有散文、随笔和文学评论 17 种，部分作品被翻译成外文出版。

## 大侠身边俩“双儿”

二十来岁的泉州姑娘叶彩婷和卢鸿，是最让金庸迷羡慕不已的，因为这几天她们一直陪伴在年已八旬的金庸先生左右，照顾着他、搀扶着他，俨然成了金庸笔下善良可爱的贴身丫头双儿。每天早晨，她们都如约来到“金大侠”下榻的客房，守候在他的房门外。等“金大侠”打开房门的那一刻，俩“双儿”就笑盈盈地迎上前去，一人一边搀着“金大侠”的胳膊。

路上，俩“双儿”体贴入微，而“金大侠”也像个听话的孩子，很配合。

“起风了，咱们把衣服穿上吧！”“金大侠”伸开双臂，让“双儿”帮他穿上衣服。“走累了，咱们坐轮椅吧！”“金大侠”就坐上轮椅，让“双儿”慢慢地往前推。当记者与金庸迷蜂拥而至时，俩“双儿”就用另一支手臂挡着人群，生怕“金大侠”被金庸迷的热情灼伤。

### 拒绝开后门

“又来电话了！”这是卢鸿手机的响声，奶声奶气的，以前听到这小女孩般的声音，她心里就乐，可这几天，这声音来得实在太频繁了。同事、朋友，甚至不认识的人都会打她和叶彩婷的电话，“金庸迷”想开后门，让她们俩帮忙拿书给“金大侠”签名，但两位“丫头”一次也没答应，不是她们心肠硬，她们也理解“金庸迷”热切的心情，可她们更体恤“金大侠”，担心把他给累着了。你看，每次出行，里三层外三层，“金大侠”总被团团围住，眼前都是黑压压的人群，这哪是看风景啊！

25日下午，“金大侠”到南少林寺观看武术表演，俩“双儿”退到一边，立着，一位据说是小卢哥哥的年轻人走上前来，递上一本崭新的《鹿鼎记》，请求通融通融，但任凭他如何以情动人，小卢还是不为所动。

### 搀扶老爷爷

小卢和小叶是泉州晚报社广告部员工，她俩的任务就是全程搀扶年事已高、腿脚不便的“金大侠”。两人都是“金庸迷”，获知将与“金大侠”同行，而且还将搀扶着“金大侠”时，她们先是难以置信，接着就是激动不已。她们从小读着金庸小说长大，从未想过有这么一天，能与

“金大侠”零距离。不过，俩“双儿”心里也直犯嘀咕，“金大侠”威名远扬，好侍候吗？

谁知，“金大侠”对她们爱护有加，总是不停地对她们说“谢谢”，说“让你们辛苦了”，生怕把俩“双儿”给累着了，处处流露出长者的仁慈和宽厚。所以，尽管小卢和小叶这几天工作量不小，但她们一直没觉得累。“我们做得很少，但他总对我们真诚地说着谢谢，他每说一次‘谢谢’，我们就多一次感受到什么叫大家风范！”

这几天，小卢和小叶俩“双儿”真是出尽风头，她们的出镜率在一生中恐怕是空前绝后的，有“金大侠”露面的场合，几乎就有她们的靓影。于是，手机频频响起，“金庸迷”最感兴趣的问题是：“搀扶着‘金大侠’的胳膊，什么感觉？”两“丫头”异口同声地说：“没什么特别，就像搀扶着爷爷！”

采写：《厦门日报》记者　宋智明　黄圣达　年月

时间：2004 年 11 月 25 日

# 第四天：

上午

## 武功高，未必脑子就好用

26 日上午，三十多位读者成为泉州最幸运的一批“金庸迷”。他们代表泉州“金庸迷”来到晋江，与“金大侠”坐而论剑。这些读者产生于泉州“金庸迷”擂台大赛、短信评金庸的幸运参与者，以及相关活动的积极参与者。由于这些读者对金庸小说了解得很透，提出的问题颇具代表性，金庸先生也很激动，使出浑身解数，智慧的交流碰撞出耀眼的火花。

### 李敖对佛教不够了解

读者：我想问问您目前对人世、宇宙的认识。另外，您对佛教怎么看？

金庸：台湾的李敖说，金庸信佛很虚伪，他信佛为什么不能做到四大皆空？为什么不把自己所有的财产捐出来？我想，这是李敖对佛教不了解，信佛的人里还有一种称为“居士”的。“居士”是住在家里的，印度很多居士很有钱，甚至有的是亿万富翁；一些帝王也是居士，难道他们信佛就得把王位放弃？我追求的是佛教的精神。

读者：今天您参观过晋江草庵摩尼教遗址之后，有什么感想？

金庸：我在《倚天屠龙记》里提到摩尼教，有的读者说，摩尼教不可能从波斯传到中国，这次我亲眼看到摩尼光佛像，更加确定自己没有错了。

## 我的小说教海外华人学中文

读者：许多学生喜欢您的书，但老师和家长不大支持，您认为读武侠和学习是否有矛盾？

金庸：很多老师没收了学生正在看的金庸武侠小说，带回家去自己看了。（众人笑，鼓掌）。读武侠不会妨碍你的学习，但是，凡事过分了都会产生负面影响。比如吃饭，本来不是坏事，但你明明只能吃三碗饭却吃了七八碗，结果当然就要出问题了。（众人笑，鼓掌）。所以说，学生看我的武侠小说可以，但不能太沉溺。

我的小说还是有不少积极的教育意义的，特别是在海外。一些孩子到了外国就把汉语、汉字忘光了，但他们一喜欢上我的武侠，就又把民族语言、民族文化捡了起来；而且，我的小说还教会他们要热爱祖国。不少孩子的家长为此给我写信表示感谢；也有不少孩子给我写信，信中很多武侠语言，让人看了忍俊不禁。

## 我不评论梁羽生和古龙

读者：您写小说是布置好情节再写，还是先把人物性格定下来再想细节？您怎么看待武侠小说方面和您齐名的古龙、梁羽生？

金庸：我和梁羽生、古龙都是好朋友。古龙的武侠小说写得很好；梁羽生是我多年的同事兼朋友，我们以前也经常互相讨论彼此的作品。我不想评论他们。

我写小说会先想好几个人物，把他们的性格特征确定下来，比如《射雕英雄传》，我先想好了郭靖、黄蓉的个性，然后再围绕他们的个性开始编故事、写情节。我认为，根据情节来定人物性格在写作中是不可取的。

写人物性格是中国小说的传统。比如《三国演义》，可能你看过后过几年故事情节都记不住了，但你会记得刘、关、张三人的性格；看《西游记》《红楼梦》也是如此。中国传统小说非常注重人物个性的塑造，我的小说继承了这个传统。

**大侠乔峰主张民族团结**

读者：您的作品中有许多为国为民的英雄，中国历史上也有很多英雄，您作品中的人物和历史有何不同？

金庸：历史上对于一个人的评价，会随着时代变迁而改变。昨天我参观了施琅故居，关于施琅，历史上就有不同的评价。清代的皇帝封他为大将军、靖海侯；而后来的一些史学家却认为他为清廷攻打郑成功占领的土地，是大汉奸；现在我们应肯定施琅，因他有利于全国的统一。我的小说一直强调，各民族之间要相互团结，在《天龙八部》里，大家钦佩的大侠乔峰就是持这种观点。

读者：您认为我们身边有没有现代侠客？现代人是否还要做到您说的“侠之大者，为国为民”？

金庸：我认为现代人还是要为国家、为人民服务的，要热爱自己的国家。简单地说，做人要明是非，要认识到什么是对的、什么是不对的；要主持正义，看到坏人欺负好人就要挺身而出。

**写汉唐，就只能写写人们如何打架了**

读者：您的小说文化背景深厚，但很多故事都发生在宋代，比如

《天龙八部》《射雕英雄传》《神雕侠侣》等，您特别喜欢宋朝吗?

金庸：倒不是因为我特别喜欢宋朝，而是因为宋人的生活习惯和我们现在比较相似。当然，宋人也有不少生活细节和现在不大一样，比如《水浒传》里说的，宋人喝茶还要在里面加糖、花生等东西，边喝边吃。再往前，汉唐时代穿衣、吃饭什么的跟现在差别就更大，写这些时代的生活细节很难做到准确无误，因为我没考证过，所以不敢多写；如果要写，就只能写写那时的人如何打架了。相比之下，写明清的生活细节就比较容易。

## 女孩美不美看她对社会有没有贡献

读者：您的小说里有许多性格迥异的女孩，但女主角都长得很漂亮，您为什么不写长相平庸的女孩呢?

金庸：我是男的，男人的理想就是这样啊。事实上侠士身边的女子是不是都漂亮我不知道，但小说是可以想象的。

我的朋友倪匡说，小说家写某人到赌场，如果写他一把赌注下了三万，那就太小气了，要写就写他一下子投了三百万，尽量夸张些，反正又不会花到小说家自己的钱（众人笑，鼓掌）。我写美女的时候也是这样，描述她的美貌夸张些，别人的想象就会多一些。

但是，一个人漂不漂亮是天生的，我想评论一个女孩美不美，第一要看她心地好不好，第二看她对社会有没有贡献，第三才看她漂不漂亮。

## 段誉爱上的只是一个偶像

读者：郭靖舍生取义，杨过却在他的巅峰期选择了归隐古墓，您有没有想过修改杨过的结局?

金庸：杨过在抗元的过程中也发挥了他自己的力量。他帮助郭靖镇守襄阳，打死了蒙古皇帝蒙哥。史书上有记载蒙哥被人用矢石击毙，但没有说是谁杀了他，那我们在小说里就说是杨过杀的，反正也没人能证明不是。（众人笑，鼓掌）

读者：《九阴真经》那么大一本，陈玄风怎么能刺在胸口上？

金庸：是啊，我也觉得不可能。这一段我在最近一次修改作品中已经改了。

读者：胖、瘦头陀长相那么奇特，容易被人认出来，为什么洪教主还会派他们假扮妓院里的人接近韦小宝？

金庸：他们武功高强，所以洪教主才会要他们去对付狡猾的韦小宝。而且，洪安通如果很英明的话，最后就不会被韦小宝整得那么惨了。所以说，武功好未必脑子就好用。

读者：有人说段誉喜欢的是神仙姐姐的雕像，而不是后来看到的王语嫣，您怎么看？

金庸：段誉对王语嫣的情感是倾慕。他看了神仙姐姐的石像，然后看到王语嫣跟石像容貌相似，以为自己爱上她，便欺骗了自己，说到底，他爱上的是一种偶像。所以，喜欢一样东西可能是一时冲动，在清醒的环境下想一想，自己喜欢的不一定对。比如段誉，可能他清醒地想一想就会觉得自己真正喜欢的并非王语嫣。

下午

## 现实中无法爱，就到小说里爱

26 日下午，泉州下起了毛毛细雨，但金庸先生的兴致并没有因为天气变凉而有丝毫的减弱，华侨大学万名师生的热情把他的脸庞烘托得容光焕发。当载着金庸的汽车驶进校园时，上百名等候多时的学生紧跟着车子奔跑，他们高高举起的欢迎标语像一团团跳动的火焰，而更多的学生早早跑进礼堂占位置，没有位置的就站在两侧，两侧站满后，他们就围在墙外……

在华侨大学师生的直率和机智面前，金庸也推心置腹地倾吐心中真情。激情对话热烈上演，让旁听的记者们大呼过瘾。

**如果乔峰没死，可能你就不喜欢他了**

学生：听说金庸先生这阵子在修改作品，我非常喜欢乔峰，能不能请您在这次修改中让他活过来呢？

金庸：活过来可能你就不喜欢他了！小说是讲究缺憾美的，只有缺憾才给人以无穷的想象。我修改作品，只改部分情节，基本结构是不动的。正如林黛玉死了，你不能因为喜欢她就让她活过来一样。

**写了许多绝色美女，这是因为……**

学生：您笔下塑造了许多江湖中人，您本人在我的感觉中却是个很入世的人，您写作中的这种“浪迹天涯”的模式，究竟出于何种考虑？

金庸：小说家写小说，是很讲究想象的，讲究浪漫主义的。我希望自己能喝几十壶酒，但现实中做不到，我只能喝两杯，那就在书中让乔峰多喝几杯；我走路慢了，就让笔下的人物走路快起来；我无法爱的人，就在小说里去对她诉说衷肠；现实中找不到的东西，我就在小说里找出来；生活里大部分女孩子都是普通的，我就在书里写了许多绝色美女。

### 黄霑去世了，他抽烟喝酒太凶

学生：黄霑去世了，您是怎样一种心情？

金庸：黄霑是我的好朋友，我很久以前就认识了，往来很频繁。他是因为肺癌而去世的，他平时抽烟抽得太凶了，喝酒也喝得多，我总是劝他要少抽烟少喝酒，这对身体不好。他的病是因为烟酒过度造成的，后来他把烟戒了，但不久就住院了……他去世了，我很为他可惜，心里很悲伤。我也请同学们年轻时就得注意身体健康，等身体垮了再重视就来不及了。

### 接下来，准备写一部《中国通史》

学生：平时我读您的书很激动，今天看到您更激动。您的小说是以历史讲故事，又以故事说历史。那么，您希望人们记住讲故事的金庸，还是讲历史的金庸？

金庸：武侠小说是讲故事的，是假的，就像《三国演义》一样。既然看我的小说，当然希望你们记住讲故事的金庸。在武侠小说中，可以充分想象，方便讲故事，但历史在小说中是不好表达的。接下来，我就要讲历史了，准备写一部《中国通史》。

### 有的人送东西给你吃，你应该感谢他

学生：您最想向什么人表达感谢？

金庸：我想一个人心中想感谢、报答人，这种心态是很好的。有的人送东西给你吃，让你不会饥饿，你就应该感谢他。对我好的人，我心中对他们总是充满感激。我的父母去世了，但回想儿时他们对我的照顾，我心中就涌起感激之情。在我们小学、中学和大学的每个阶段，总有很好的老师教导过我们，我们也要感激。前几年，我遇到小学教我的一位老师，我对他说，自己还记得他教会了我哪几个字，他听了非常高兴。所以，同学们，在我们的心里，一定要对父母、老师充满感激，有机会好好报答他们。

**法制健全了，武侠就没必要存在了**

老师：我是一位法学教师，我很敬重您，不仅因为您小说写得好，也因为您对法律很有造诣。我想请您分析法制社会与武侠世界的关系。

金庸：武侠存在于没有法制的社会里，在武侠世界里，抢劫、杀人、放火，都不用受到法律的制裁，因为从长官到平民，都没有法律约束；而到了法制社会，法制健全了，武侠就没必要存在了。

**台湾应像香港那样，实行一国两制**

学生：您对台湾问题怎么看？

金庸：台湾是中国领土的一部分，应该像香港那样实行“和平统一,一国两制”。两岸都有许多我的读者，我希望大家和睦相处。

# 张纪中是不错的“托儿所老师”

“刘亦菲演小龙女很合适”“李亚鹏演郭靖比较传神，演令狐冲不到位”“张纪中比徐克拍得更好”——这是金庸先生在本次泉厦行中首次“大胆”地点评与“金剧”相关的人物，他的这番肺腑之言是26日下午被华侨大学年轻学生的热情和坦率所“逼”出来的。

刘亦菲在电视剧《天龙八部》里成功地扮演了“神仙姐姐”王语嫣，受到观众的关注。正在拍摄的电视剧《神雕侠侣》中，刘亦菲出演小龙女一角。由于小龙女的性格远较王语嫣复杂，演起来难度很大。刘亦菲年纪还小，观众担心她演不好，金庸先生也一直有此顾虑，他曾说：“小龙女应该由成熟些的人来演，刘亦菲毕竟太嫩了。”然而，25日下午张纪中的到来让金庸先生吃了一颗“定心丸”。张纪中把笔记本电脑带来，让金庸先生看了一组刘亦菲扮演小龙女的镜头，金庸先生很满意：“刘亦菲把小龙女一尘不染、对爱情忠贞不渝的性格演绎得很好，比较符合我心目中的小龙女。”

有学生尖锐地提出，令狐冲和郭靖的性格完全不同，但中央电视台的“金剧”却使用同一个演员李亚鹏，您认为合适吗？金庸先生迟疑了一会儿，说：“我认为李亚鹏演令狐冲不是很合适，但他演郭靖还是挺到位的，因为他的性格和郭靖比较接近，和令狐冲有一定距离。”

当学生让金庸先生推荐谁是拍“金剧”拍得最好的导演时，金庸先生毫不犹豫地说：“张纪中导演。”理由是张纪中比较忠实于原著。

金庸先生还举了一个“反面”的例子，那就是徐克导演拍的电影《东方不败》，认为徐克把《笑傲江湖》里的“东方不败”由男人改成女人，未免有些离谱。金庸先生承认在生活里仍把徐克当作好朋友，但当徐克再次提出购买小说改编权时，金庸先生一口回绝了。

金庸先生坦陈，自己做不到像一些作家把小说卖给导演之后就不管了的“大度”，金庸先生说：“我把自己的小说看作自己的儿子和女儿，对小说十分爱惜。这就像当父母的把子女送到托儿所，老师教得好，儿女有出息，当父母的心里很高兴。如果托儿所看护不力，儿女缺胳膊断腿的，父母心里会很难过，很气愤。”

采写：《厦门日报》记者　宋智明　黄圣达　年月

时间：2004 年 11 月 26 日

# 第五天：
# 有机会我一定会再来厦门

在鹭岛“金迷”的热切期盼中，“金庸与厦门读者见面会”27日如期举行。金庸的微笑、谦虚和坦诚深深地感染了到场的上百名“金迷”，他们尽情地倾诉着心中最想说的话。或许是鹭岛的“金迷”对金庸先生的小说和为人研究得较透，不少问题提得很有水平。金庸先生又是那种越有压力发挥得越出色的名人，他的睿智回答赢得鹭岛“金迷”最真挚的掌声。

金庸先生来了，金庸先生又走了。感谢金庸先生一行连日来的密切配合，感谢他们为《厦门日报》的读者奉献了一顿顿美不胜收的“精神大餐”。谢谢您，金庸先生，祝您身体健康，欢迎您再次来厦门做客——我们从现在开始期待。

## 我们互相笑嘻嘻

问：金庸先生，您为什么不在厦门多逗留两天呢?

金庸：因为时间不允许。这次厦门的行程本来安排了一天半，因为要赶回香港见一位英国朋友，只好缩短行程，实在对不起大家。1986年香港特别行政区基本法起草委员会在厦门开会的时候，我作为起草委员就来过厦门，厦门的美丽和文明给我留下了很好的印象。有机会，我一定再来厦门，多逗留几天。

问：您一生遇到困难无数，可总是能够笑对人生，请问您为什么能够达到这样的境界？

金庸：我一生确实遇到困难无数，我中学被开除，大学也被开除，办报纸时遇到困难更多了，我也有很不开心的时候。但是，不开心时，我总是把自己关在房间里，不愿让朋友们看到我的不开心。我年轻时就是这样，有人就对我说："小查，你别总是笑嘻嘻的，人家会说你的。"可我照样对人笑嘻嘻的，因为，对人应该友好善意，我们互相都笑嘻嘻的，这人间就充满温暖，比如这位提问题的朋友，我对你笑嘻嘻的，你肯定也对我笑嘻嘻的，友善是我们建立友情的基础。

问：听说您以前有机会成为外交官，但最终却选择了当报人，为什么？

金庸：成为外交官，是我高中时的想法，那时我的想法是，当了外交官，就可能走遍世界各地，长很多见识，但我还是选择了报业，那是因为，我发现外交官不适合我。外交官讲的话都要经过领导审批，要到哪个地方都要打报告，而我是个爱好自由的人。我不喜欢受规矩约束，外交官的生活方式会让我很痛苦，并可能因此带给朋友们麻烦，所以我就选择了当报人。

**最大快乐是读书**

问：请问您最喜欢哪类书？

金庸：我从小到大，最愉快的事情是读书。如果让我面对两种选择——一种是让我坐牢 10 年，在牢里每天都可以读书；另一种是让我自由自在，但不准读一本书。那么我一定选择坐牢，放弃自由 10 年可以，但放弃读书 10 年，我无论如何都难以接受。如果要我说哪类书对我影响最大，那肯定是武侠小说，我从小就爱读武侠小说。

问：您写自传吗？目前已经出版的金庸传，您最满意哪一部？

金庸：我不写自传。目前已出版的传记，那些作者都没有采访过我，没有找我了解过相关资料，多出于虚构，这与写武侠小说差不多。陈墨先生对我比较了解，我已经授权他为我作传。

问：您喜欢下围棋，而且还是业余6段，您认为围棋对人生有哪些启发？欣赏哪些棋手？

金庸：每下一步棋，都等于面临一个问题，你要作出判断，迎接挑战，解决问题。围棋可以培养一个人的大局观、良好的思维能力。下围棋对写小说的结构、布局有启发，还有助于修养身心。陈祖德、聂卫平和马晓春我都比较喜欢，特别是陈祖德，棋下得好，人品也高。

**小孩子别写武侠**

问：我是一个年轻的武侠小说作者，现在，对于武侠小说创作，有两种观点，一种认为要年龄大的作者才能写好，另一种则认为年纪轻轻就可写，您赞成哪种？

金庸：我当然赞成年长作者来写更好。我不鼓励小孩子写书，我从不给小孩子写的武侠小说写序、题书名，即使是我的朋友们要求的。一个八九岁的孩子怎么可能写好书呢？小说里总要涉及情感、人性，总要写到恋爱、结婚、为人父母，这些事情一个八九岁的孩子都还没有经历过，怎么可能写得出来呢？所以我经常对他们的父母说，让他们再读10年书来写也不迟。

问：您说的这孩子是周琳吧？她知道我要来见您，让我向您问好并转告您，她听您的话，不写武侠小说了，改写校园小说了。

金庸：是啊，我不鼓励她写，钢琴家有天才，小说家就不可能有，因为没有人生的经验，没有感情的经历，哪来丰富的想象？我对她说，你要写，就写校园生活、家庭生活好了，我不让她现在写武侠小说，是对她的爱护。

### 当记者要记性好

问：您曾经说过："办报，高楼、设备等硬件固然重要，但最重要的是人才。"您认为一个优秀的新闻工作者最应该具备哪些素质？

金庸：敢于坚持正义，不讲假话。另外，我不赞成记者采访时使用录音设备，记忆力不好，就不要当记者。

问：副刊曾经在报纸中占有很重要的位置，现在却走向低谷，您认为副刊怎样才能够重现昔日辉煌呢？

金庸：香港报纸，新闻是主攻，副刊是主守。报纸不可能每天都有重大新闻，所以不可能完全靠重大新闻去拉动销量，这时候，副刊就显得特别重要，在副刊上连载小说就是拉住读者、保持销量的一个好方法。写得好的小说，今天读者通过副刊读了，就想进一步了解情节的发展，明天他就会继续买我们的报纸，所以副刊办得好，就会稳住读者群，叫做"守"。有新闻有副刊，有攻有守，报纸才能办好。

### 《鹿鼎记》不是喜剧

问：听说前天晚上，张纪中导演专程从北京飞到泉州与您密谈，因为他觉得《鹿鼎记》太难拍了。您告诉他什么绝招呢？

金庸：张纪中导演已买了《鹿鼎记》的拍摄权，他说拍《鹿鼎记》遇到麻烦，我就告诉他要多读几遍，把书读透了，就能进一步理解小说的内涵，我希望他拍出一部严谨好看的武侠剧，而不是搞笑的。

## 金大侠鹭岛会“金迷”

“金大侠来了！金大侠来了！”按照“泉州厦门文化之旅”的行程计划，金庸先生一行27日上午如期抵达厦门，当金庸先生步入厦门国际会展酒店时，立刻被鲜花、相机、掌声、欢呼声层层包围。厦门市副市长郭振家会见并宴请了金庸先生一行。

应厦门日报社、泉州晚报社之邀，金庸先生一行于本月23日抵达福建，开始“泉州厦门文化之旅”。昨日上午，金庸先生一行离泉抵厦。在国际会展酒店，金庸先生与上百位“金迷”和各路媒体记者亲密接触，接受了厦门日报社和厦门广电集团记者的联合采访。

厦门日报总编辑李泉佃率队迎接了金庸先生一行，他代表厦门日报社向金庸先生赠送了一幅九龙壁漆线雕以及一枚纯金的厦门日报社社徽。金庸先生当即高兴地把社徽佩戴在胸前，并对本报此次盛情邀请他来厦表示感谢。他说，下次有机会一定再来厦门，多逗留几天。他还为厦门日报题了词，勉励本报坚持人民立场，搞好舆论监督。

27日中午，副市长郭振家宴请了金庸先生一行，向他介绍了厦门改革开放以来经济社会发展的巨大成就，并向他赠送了一件以鼓浪屿为原型的牛角工艺品。陪同金庸先生来厦的还有他的夫人林乐怡，中国作家协会名誉副主席、著名作家邓友梅先生及其夫人，香港明报出版社、明窗出版社、《明报月刊》总编辑兼总经理潘耀明先生和泉州晚报社总编辑施能泉先生。

27日下午3时，金庸夫妇一行搭乘港龙飞机离开厦门，返回香港。金大侠的“泉州厦门文化之旅”圆满落幕。

花絮

## 连城县委书记爱看《连城诀》

“您的《连城诀》我读了好多遍，我们连城县是文化名城，拥有名山秀水，还有许多‘金庸迷’和武林高手，欢迎金庸先生有空来连城做客。”连城县委书记谢小建握着金庸先生的手激动地说。

谢小建也喜欢读金庸的小说，27日下午2时许，他正准备从厦门机场乘飞机到北京，在贵宾候机厅巧遇准备“飞”往香港的金庸先生。谢小建兴致勃勃地当起了“追星族”，他不仅如愿以偿地握到了“金大侠”那一双制造了无数“传奇”的手，而且和他亲切攀谈了十来分钟，最让他惊喜的是金庸先生的承诺：“有机会我一定到连城去！”

## 四名随行记者一个签名未得

同事史敏大姐一看到本报随行记者年月，就冲着她喊：“我太羡慕你们了，连着四天跟金庸先生在一起，签名一定要了一大堆吧？”当年月告诉她四位随行记者连一个签名也未得时，史敏一脸惊讶，觉得不可思议。

这是真的，记者与金庸先生同住一层楼，理应“近水楼台先得月”，但记者放弃了这个机会。原因有二：一是此次有几十家媒体参加采访，记者手中的笔和照相机忙个不停，生怕错过金庸先生所说的每一句话、每一个可爱的表情；二是金庸先生所到之处，受到的欢迎都极为热烈，年已八旬的老人签名签到手酸，记者实在不忍心再给他增添额外的负担。他的“答记者问”，均深深地“签”在记者的心上，那就是最好的签名。

## 金庸夫人总是退到一旁

金庸先生的夫人林乐怡真是一位善良的人，当她看到本报摄影记者郑晓东的背包很大时，关切地问道：“沉不沉？”当记者年月在登清源山时扶了她一把时，她真诚地说：“谢谢你！”

林乐怡女士还是一位低调的人，当记者和读者围住金庸先生时，她总是退到一旁，不愿分享金庸先生的“盛名”。而当金庸先生疲劳时，她却总是及时地出现，用粤语吩咐金庸先生要注意休息。

在厦门机场贵宾候机厅，由于泉厦之行圆满结束，金庸先生终于可以歇一歇了，林乐怡顿感如释重负，脸上有了笑意。金庸先生对此行非常满意，当身边的工作人员以及邓友梅等诸位好友一一前来要求合影时，他很快乐地来者不拒，笑得特别开心。林乐怡被欢乐的气氛感染，突然上前靠在金庸先生坐的沙发边，搂着他的肩膀让记者拍照，这可能是此行摄影记者拍到的唯一一张金庸夫妇在一起的亲昵照片。

## 洁白玉兰放进大侠口袋

“依稀往梦似曾见，心内波澜现。”27日上午，当金庸先生的“侠踪”出现在厦门国际会展酒店时，多少年来关于“江湖”的美丽憧憬顿时涌上现场“金迷”的心头。1983版电视剧《射雕英雄传之铁血丹心》的主题曲适时响起，将大家的情绪推向了又一个高潮。

“金大侠，我爱你！”人群中有人高声喊道；一名细心的“金迷”悄悄地将一朵洁白的玉兰花放进金大侠的口袋……

## 服务员们摆出优美姿势

鹭岛“金迷”们抓住机会，连珠炮似的向金庸发问。金大侠则带着他一贯的笑容，仔细地聆听每一个问题，认真地回答读者的疑问；尽管连日来旅途劳顿，但金大侠仍欣然接受了厦门日报社和厦门广电集团记者的联合专访。将近两个小时的交流，读者们无不为金大侠的才思敏捷和妙语连珠所倾倒，现场掌声笑声不断。

见面会结束后，读者们纷纷掏出早已准备好的金庸小说，将金庸团团围住。酒店的女服务员们也不甘示弱，纷纷抢到金大侠身边摆出了优美的姿势……

## 乐与报业同行切磋经验

得知金大侠做客厦门，27日中午，副市长郭振家刚刚开完一个会就直奔会展酒店，宴请金庸一行。“厦门是个很适合休闲的地方，您可以找个时间，到这里多住一些时候。”郭振家向金庸发出邀请。金庸表示，有机会的话一定再到厦门。透过酒店的落地玻璃向外看，两只风筝在会展草坪上空盘旋起舞，远处的环岛路、沙滩、碧浪一览无遗，金大侠不禁发出感叹：“这里的风景真美啊！”

“我看了《厦门日报》就知道厦门是个美丽、文明的城市。判断这个我是内行！”当厦门日报总编辑李泉佃将一枚纯金报徽为他戴上时，他的脸上再次绽放出灿烂的笑容。作为一名优秀的报人，金庸先生三句话不离本行，他兴致勃勃地询问了本报的一些相关运行情况，亲切地称记者为“同行”。

## “痴情金迷”追到机场

27日下午13时35分，金庸一行离开会展酒店前往机场，一群痴情的“金迷”尾随而行，再次围住了他。厦门读者的热情让金大侠很感动，他不但对求要签名的读者“来者不拒”，还即兴为读者题词；记者看到，一名读者拿到的题词是“不写书名不写序，不写招牌不要钱”，这位江湖前辈的高风亮节可见一斑。

行程

## 金庸泉厦行

11月23日，应厦门日报社和泉州晚报社两大主流媒体之邀，金庸先生一行从香港飞抵厦门。当日，厦门日报社和泉州晚报社组织了部分读者、记者到机场迎接了他，部分读者还得到了他的亲笔签名。

11月23日下午，金大侠一行前往泉州，开始了“泉州厦门文化之旅”。

11月27日上午，金大侠一行人返回厦门。经金庸先生身边工作人员遴选，本报上百名读者有幸被挑中，前往国际会展酒店，与金大侠“论剑”。

11月27日下午3时，金大侠一行搭乘班机从厦门飞往香港，“泉州厦门文化之旅”圆满落幕。

采写：《厦门日报》记者　宋智明　黄圣达　年月

时间：2004年11月27日

## 在金庸先生身边的日子里

《厦门日报》记者　宋智明

11月27日下午3时，金庸先生乘坐飞机离开厦门返回香港。记者年月在自家小区门口下了车，她望着机场方向的天空，眼眶里盈满泪水，她说："真想念这五天来跟随金庸先生东奔西走的日子，'金大侠'的儒雅和智慧让人如沐春风，我第一次有让名人握一下手的渴望。"宋智明的内心也有些失落，他说："'黄山归来不看山'，连续五天采访一代'武侠大师'和'成功报人'，攀登了金庸这座文化高峰，不知今后还有哪座'高峰'能够让人产生采访的冲动。"黄圣达和郑晓东则对几日来的"团结协作"表示留恋："虽然采访工作紧张而辛苦，但大家分工明确，干活不累。特别是后方编辑的出色编排，让我们工作起来很有成就感。"

金庸先生来了，金庸先生又走了。金庸先生的泉厦之行只有短短的五天，但我们相信：金庸先生一行的这次文化之旅必将带给广大记者和读者长时间的回味。

### 跟金庸先生同住一座楼

金庸先生要来泉州、厦门的消息不胫而走。厦门日报社总编李泉佃果断地做出了决定：派记者全程跟踪采访"金庸先生泉厦文化之旅"。为此，报社内部也开始征集"金庸迷"，以便熟练地采访一代"武侠大师"。金庸先生在广大读者心目中的重要地位是毋庸置疑的，宣传金庸正是展示报纸实力的一次难得机会。经过一番遴选，我、黄圣达、年月和郑晓东四位记者参加了采访，接受编委洪诗鸿的统一调度，司机伊伟成驾专车载记者们一路跟随。临出发前，李泉佃总编指示："不要漏掉重要新闻。以金庸先生为采访重点，但不要漏掉对《明报月刊》总编潘耀明和中国作协名誉副主席邓友梅的采访，金庸先生的夫人和邓友梅先生的夫人此次也随行，不要忘记对她们进行采访。"

"金庸先生来了！"11 月 23 日 13 时 50 分，当金庸先生进入机场国际到达厅时，通过本报的读者热线如愿以偿前来迎接的人群中还有一位金庸先生的高中同学叶珉，两位阔别了62年的老人的手紧紧握在一起。这大概是此行金庸先生的意外收获了！金庸先生眼圈微微泛红，他接过本报记者黄圣达递来的载有叶珉回忆往事的《厦门日报》，问："这张报纸能不能送给我？"黄圣达喜出望外，他有些"得寸进尺"，请金庸先生为《厦门日报》题词，金庸先生欣然题下："向厦门日报读者问好！"黄圣达擅长这一招，经过软磨硬泡，此后还让张纪中导演题词"逐鹿报坛问鼎东南"。这些题词，使本报的版面显得更具现场感，更加生动。金庸先生的夫人林乐怡为人低调，安安静静地坐在角落里，眼尖的记者年月发现了，忙给她倒上一杯水，拉近了距离，然后悄悄地交谈起来。此后的林乐怡印象，可以称得上是本报的独家专访。

在《泉州晚报》同行的安排下，我们住进了泉州酒店。我们欣喜地获悉：金庸先生一行和我们住在同一座楼！这将为采访提供多大的便利啊！金庸先生稍事休息后，接受了《厦门日报》和《泉州晚报》记者的联合专访，为时半个小时。《泉州晚报》总编施能泉悄悄告诉我："这是专门给我们两家的记者'开小灶'。"后来，金庸先生又参加了与当地多家媒体记者的见面会。由于《厦门日报》和《泉州晚报》的记者在"开小灶"时提的问题较有特色，第二天见报时内容较其他媒体丰富许多。

采访的时候，金庸先生的微笑和坦诚让我想起一句名言："第一等人有本领没脾气，第二等人有本领有脾气，第三等人没本领有脾气。"金庸先生无疑属于"有本领没脾气"的第一等人，这是他八十年来修来的境界。金庸先生回答你的问题时，双眼真诚地盯着你。他很谦虚："有些问题今天答不上来，容我回去想想，下一次见面的时候告诉你。"经常为一些所谓的"名人"的骄傲所伤害的记者们，第一次发自内心地喜欢上这位一脸笑眯眯、满脑子智慧的大名人了！

## 金庸先生称我们为同行

不管在泉州还是在厦门，金庸先生亲切地称我们为“同行”“自己人”。他尽情地畅谈办报的酸甜苦辣，勉励大家做一个“敢讲真话，文字过硬”的报人。金庸先生的谦虚是一贯的，他极力向大家推荐同行的两位名人：邓友梅和潘耀明。他说：“邓友梅先生的小说语言相当有味道，潘耀明先生也有丰富的办报经验，你们可以向他们多请教。”当来自德化的两位瓷器制作大师把花了半年时间完成的瓷雕《神雕侠侣》送给金庸先生时，他不禁大为感动：“我一定要把这件作品推荐给张纪中导演，把这件艺术品的照片用作电视剧《神雕侠侣》的片花！”

在当天的采访中，我们不忘对邓友梅夫妇进行“见缝插针”的跟踪采访。邓友梅夫妇的随和令人难忘，听他们用京腔谈文学，谈文物保护，谈厦门之行，真是一种享受。当他们即将离开厦门时，记者年月将刊有专访的报纸送给邓友梅先生，邓先生对自己的夫人也上了报纸大为惊讶而欣喜：“你们很用心办报啊！”凭这份报纸，邓先生一定会对厦门人的热情和细心留下深刻的印象吧。

## 最难忘的一天

25日的早餐会上，本报的四位随行记者为今天缺少猛料而发愁：金庸先生一行本日只是参观一些景点，并没有安排演讲和见面会，可写的东西不多；前一天晚上虽然采访了潘耀明——那是一次成功的采访，潘先生谈得很认真，也只是从侧面反映金庸先生的风采。我们已经准备给后方编辑申请缩减版面了。

这时，大家想起了一件事。金庸先生身边的两个“双儿”，无疑是一个亮点。你想想：有哪位“金庸迷”能够如此近距离长时间地与金庸先生在一起呢？她们身上一定有许多精彩的故事。年月主动请缨，其他人当起了“诸葛亮”，纷纷提供应该采访的问题。俩“双儿”一开始守口如瓶，后来，年月使了一计：“你们领导同意我采访。”后来，在厦门，当我们把报纸递给俩“双儿”，她们高兴极了：因为有规定，她们不能随便接受采访。这可能是她们接受的惟一一次专访。俩“双儿”差点儿喜极而泣：“有了这张报纸，搀扶‘查爷爷’的经历将深深地印在我们心里。”

下午2时40分左右，我们来到酒店的大堂，准备乘车随金庸先生参观老君岩和南少林寺。当我们来到酒店的大堂时，“奇迹”出现了！一个留着大胡子、身材高大的人吸引了大家的目光，这不是导演张纪中吗？这次采访中，没他什么事啊。啊，“突发新闻”，快快快，“围攻大胡子”！我们围住张纪中，激动地问东问西。张纪中很配合，也很随和，合影、签名，有求必应。张纪中刚从北京飞来，听说金庸先生来福建，忙来看望并请教如何拍好《鹿鼎记》。金庸先生下楼了，两位“大腕”的手紧紧握在一起。此情此景，最幸福的是围在一旁的摄影记者们，还有什么比这更激动人心的镜头吗？我们也临时调整采访战略，仅派一人跟随金庸先生，而把重点放在张纪中导演身上，利用张纪中随同金庸先生参观景点的两个小时，我和黄圣达一左一右贴在张纪中身边，频频用问题向他“轰炸”，直到获得所有我们想了解的信息。这样的采访，真是非常过瘾啊！

没想到，这一天的内容竟是本次采访活动最丰富的：有张纪中和潘耀明的专访；还有张纪中和俩“双儿”的印象记。第二天中午，当我们通过网络看到编发的这组稿件时，抑制不住内心的激动：这样的采访才能调动你心中所有的激情啊！要是采访总能如此扣人心弦，新闻事业的确是值得我们为之“奋不顾身”的事业！

## 离别前真情握手

为了争取28日出一个全新内容的版面，我们在回厦的车上搜肠刮肚，设计了二十道金庸先生泉州行别人没有问过的问题，“问题的难度不小，看金庸先生怎么接招？”我们相视一笑。

金庸先生出现在厦门国际会展酒店！大家的掌声响起来了，一位细心的“金庸迷”悄悄将一朵洁白的玉兰花放进“金大侠”的口袋。金庸先生欣然接受了厦门日报社赠送的礼物，并戴上厦门日报社特制的纯金报徽。在接受记者和读者的访问时，他的兴致特别高，原定一个小时的见面会延长到两个小时，鹭岛“金庸迷”过足了瘾。

在接受记者的专访时，我为了把新问题问完，一直不间断地发问。可能是问题多了点儿，金庸先生毕竟是老报人，他说：“能不能把机会让给其他记者？”我站了起来，向一位电视台的女记者招手：“你来问吧。”把采访的“宝座”让了出来。金庸先生显然颇欣赏我的“大度”，他主动握住我的手说：“你叫什么名字？”听说金庸极少主动握男记者的手，我被他这么友好一握，惹得“男金迷”羡慕不已。

采访结束，金庸先生忙着为读者签名，上百名有幸参加见面会的《厦门日报》读者如愿以偿地获得签名。然后是副市长郭振家的接见和宴请，金庸先生还兴致勃勃地为《厦门日报》挥毫泼墨，题词鼓励报社同仁努力办好报纸，搞好舆论监督。

感谢金庸先生，没有您的密切配合，就没有我们光彩夺目的五盘“精神盛宴”。祝您身体健康，写作愉快！

时间：2004年12月2日

# 一切为了读者

《厦门日报》记者　黄圣达

坦白说，我参加金庸先生“厦门泉州文化之旅”的报道有点儿“动机不纯”。起先，我只是想借机回趟泉州老家而已。然而，一些突如其来的变故，让此行变成了“焦虑之旅”，我甚至完全没有了回家的喜悦。所幸的是，所有的担忧都随着金大侠11月27日在厦门国际会展酒店的出现而烟消云散。

金大侠此次应厦门日报社和泉州晚报社之约前来福建，一是想看看阔别8年的美丽厦门，二是想探访与他笔下故事有着千丝万缕关系的泉州宗教胜迹。行程原本安排到11月28日，不料临行前他突然接到一位英国朋友的电话，说有急事要商谈，让他必须在27日赶回香港。

怎么办？金庸先生急了，主办单位也急了。两家报社都已发出金庸先生要与读者见面、畅谈文化艺术历史哲学的消息，“金庸迷”们对于金大侠的到来都已充满期待，报名参加见面会的热线电话已“热得烫手”，在这种情况下，如果金大侠不来，读者们伤心失望的程度可想而知。“一定要在不令金大侠为难的情况下，满足读者的愿望！”本报上至领导下至普通记者为此开始忙碌了起来。

由于此番金大侠入闽带着朝觐泉州宗教胜地的强烈愿望，而厦门他又曾游玩过，经商议，金大侠决定将他的“厦门文化之旅”进行压缩；但是，在本报的争取下，他答应了在厦门安排两场读者见面会。这下子，我们总算暂时松了口气。

11月23日，金大侠飞抵厦门，本报组织了第一批读者到机场迎接他。

接下来的几天，金大侠在泉州参观游览，我和几位同事随行采访。

金大侠毕竟老了，80高龄的他经不起旅途劳顿。我们看到，在泉州海交馆，在施琅故居，甚至在开元寺，他都只能走马观花，然后遗憾地挥挥手表示自己得回去休息了。这样的状态，金大侠27日的“厦门文化之旅”还能顺利进行吗？我们的心又揪了起来。

27日上午，金大侠如期抵达厦门，“厦门文化之旅”按计划举行！我们心中的大石总算落地。当天，尽管脸上颇有倦色，金大侠的兴致还是特别高，回答本报读者的问题时妙语连珠。有人要和他合影几乎来者不拒。到机场后，他甚至挥笔为许多读者的名字题了诗。

“看了《厦门日报》，就知道厦门人民的素质，就知道厦门是个文明美丽的城市！”金庸先生这样说。我想，作为一个老报人，他看得出《厦门日报》为满足读者愿望所做的努力。为此，他不顾疲惫也要玉成好事。金庸先生是深爱着厦门的读者的。《厦门日报》也是如此。

时间：2004年12月2日

## 想让金庸握握手

《厦门日报》记者　年月

23日下午，金庸先生飞抵厦门，在机场会客室，按原先安排，作为随行记者，我必须和我的几位美女同事一起向金庸先生献花，但我竟然自作主张地把鲜花献给了他的夫人林乐怡，她坐在角落里，我也坐到了她的身边，两人就这样安静地看着热热闹闹的金庸先生。

我对金庸先生的所有认识始终停留在童年，那会儿，是1983年吧，电视上正热播《射雕英雄传》，全村就只有我们家一台12英寸的黑白电视机，它成了村人在黑夜里的全部向往。每当夜晚来临的时候，大姐就得把电视机搬到埕院里，搁在高高的桌子上，因为全村男女老少早已站满了院子，直等着电视剧开播。村人的情绪随着剧情逐渐达到了高潮，可往往就是在这时候，电视剧戛然而止，电视屏幕闪烁过一道白光之后就一片漆黑，停电了。我们村是靠小水电站发电的，为了省电，每晚10时必定停电。可陷入黑暗之中的村人同时又沉浸于剧情中，久久不散，村人们巴望着屏幕突然亮起来，但是这样的奇迹从未出现，只好悻悻地回家睡觉，而即使躺进了被窝，还要对接下来的剧情猜测一番。白天，田间地头谈论最多的话题还是关于郭靖黄蓉。谈着谈着天又黑了，人们又一次达到快乐的巅峰，但很快又因为停电而跌入失望的深渊，如此周而复始，却乐此不疲。那时，村里的老人总说："编这出戏的人，手可神啊！"

整整五天，我一直跟随在"编这出戏的人"的身旁，一起开展"文化之旅"，也曾想过与金庸先生合一张影，然后把这张照片带回老家，让儿时的玩伴看看"编这出戏的人"长啥样；也想让金庸先生签个名，带回老家，告诉还健在的老人这就是那双神手写的字。其实，有很多时候，我是可能让金庸先生签名、与金庸先生合影的，但最终的结果是我一次签名也没有，一张合影也没拍。除了因为我从小缺乏追星欲望之外，还因为我实在不忍心再劳驾他老人家了，怕他太累了。

27日中午，在会展酒店，我把当天《厦门日报》报道金庸先生的专版送到他的手中，在他手捧报纸的瞬间，我突然很想把手放进他的手心，让他握一握。如果我真的把手放进了他的手心，我一定会把20年前我们全村人对他的向往一并放进去，之后，我还一定会赶回老家，告诉我们村里人："编这出戏的人，手可神啊！"

我的手最终还是没有放进他的手心，到底在害怕什么呢？

他真的走了，我一次次想象着被金庸先生握着手的感觉，并一次次对自己说："缺憾更是一种美！"这是金庸先生在分析小说结构时说到的一句话。

采访结束了。我提着沉重的行李和电脑回到家里，蓦然抬头，看到时钟指向下午3时，这正是金庸先生飞离厦门的时刻！也是我又一次关闭记忆之门的时刻！我的眼泪夺眶而出。

时间：2004年12月2日

## 用镜头读金庸

《厦门日报》记者 郑晓东

老实说，虽然金庸武侠小说改编的电视剧满天飞，但金庸的文字除了《鹿鼎记》外，我就没接触过太多。突然，我不熟悉的人却要来到我面前，带着他那侠气逼人的小说以及令人仰止的盛名。而作为摄影记者的我，还要全程跟踪拍摄"大侠"的泉厦之行，一开始就感觉这是场"遭遇战"，有点儿担心手中的镜头找不着北。

通常，面对这么一个闪电般现身的"武林高手"，我更愿意用长焦镜头远远地记录，这或许也源于我的"三不"：不能、不敢也不想靠金庸先生太近。"不能"是因为每到一处，金庸先生总会被围得里三层外三层，令人无法近前轻松拍摄。"不敢"是怕太近拍摄会搅扰年过八旬

金庸接受《厦门日报》和《泉州晚报》记者的联合采访。（郑晓东　摄）

的老人游玩考证的兴致。而“不想”则是想让自己和大师保持足够的距离，给自己多留点儿空间沉淀心情，且容我慢慢认识这位老人。

太近太过热闹往往要被名人周边的喧嚣冲淡了许多自己的东西，远远看着名人有时候却看得更真切。我想，我是在认真地读金庸，于是，才能拍到金庸先生在一幅自己的大头像前，侧脸思考的照片，捕捉到疲倦的金庸先生摘下眼镜休息的瞬间……

拨开名气笼罩的浮云，一个真性情的金庸走到我们面前。现在我还清晰记得，当某酒店索要题词时，金庸先生说的那句话：“不写，中午饭不给吃也不写！”此时的他，从一个温文尔雅、和蔼可亲的老人变成坚持着自己“不写书名不写序，不写招牌不要钱”原则的“大侠”，他薄薄嘴唇的嘴巴里掷出的声音，却似刀剑相撞般铿锵有力，令在场的人都有些错愕。

他还开“金口”劝人们不要学韦小宝，要学郭靖等侠义之士。他喜欢的令狐冲，目的性不那么强，不太追求名利权威，遇到什么问题就解决什么问题，总保持愉快心情。

金庸写的书倒没读多少，和金庸本人五天里的正面遭遇，却让我多少读懂了这位和蔼但讲原则、可亲却有个性的老人。读懂他的为人，要更甚于读他的书，更何况这江湖老前辈是本百科全书。读人，就是在生活中学习；读人，就是为了照镜子，照的是自己。

**时间：2004年12月2日**

第二篇

# 李敖：我在 9 月看到了春天

## 名片

李敖（1935年4月25日—　），男，字敖之，思想家，自由主义大师，国学大师，中国近代史学者，时事批评家，台湾作家，历史学家，诗人；台湾省无党派人士，曾任台湾"立法委员"，2008年任满，宣布退出台湾省政坛。因其文笔犀利、批判色彩浓厚，嬉笑怒骂皆成文章，所以自诩为"中国白话文第一人"。

"以玩世来醒世，用骂世而救世"，有《北京法源寺》《李敖有话说》《红色11》等100多本著作，前后共有96本在台湾被禁，创下历史纪录，被西方传媒追捧为"中国近代最杰出的批评家"。《李敖大全集》是他大部分著作的合集，共80册，凡3000万字。2005年9月访问大陆，在北大、清华、复旦三所顶尖高校发表了名为"金刚怒目、菩萨低眉、尼姑思凡"的系列演讲。

“我在9月看到了春天！”台湾知名学者、作家李敖2005年9月27日下午在上海国际会议中心举行记者会，总结了自己重游北京和上海，并在大陆三所著名高校发表演讲的心得和感受。他表示，这次更加深刻地感受到了大陆的进步。

李敖依然是戴着墨镜出场。对于来大陆一直戴着墨镜，李敖解释说，自己的眼睛不能忍受强光，如果不戴墨镜，闪光灯闪个不停，自己的眼睛就也要跟着闪个不停。李敖在记者会开始时说：“苏格兰作家巴瑞讲过，上帝使我们有记忆力，到了12月我们还有玫瑰。北京和上海之行使我有了新的记忆，我在9月看到了春天。”李敖对此次“神州文化之旅”非常满意。他认为，文化是一切的根本，将深刻地影响政治和经济。他希望自己的一些思想能够带给人们一些思考，大家共同为中国的强大和繁荣出谋划策，并以务实的精神推动国家的进步。

李敖和陪同李敖出席记者会的凤凰卫视董事会主席刘长乐都表示，此行他们没有遭遇过官方的任何压力。李敖说，他在北京大学、清华大学和复旦大学的演讲，有起承转合之效，但有媒体却只听了一场演讲便作出了奇怪的解读，他希望大家能够把三场演讲合在一起理解。他强调，他此行没有受到任何压力。刘长乐也表示，他也没有受到任何压力，这证明了大陆官方、学者以及观众都相当开放和开明，很有“雅量”。

谈起李敖此次大陆行的意义，刘长乐说，李敖在大陆三场演讲中表现出强烈的爱国主义情绪和忧国忧民的意识，李敖的表现让大陆民众看到了一个“有血有肉有骨头，有喜有怒有忧愁”的真实李敖。他表示，李敖在文化之旅的过程中充满了深情的期待和深刻的思考，让人想起鲁

李敖在北大演讲。（唐逸豪　摄）

迅先生的一句诗——“无情未必真豪杰”。

对于回台湾后将采取什么措施推动两岸关系，李敖表示，我在台湾当了所谓的“国会议员”，并主动加入“国防委员会”，就是为了要努力阻止台湾当局向美国购买武器。我认为，台湾如果成为非武装地区，对海峡两岸都非常有利。到目前为止，我的成绩还不错。

有记者问李敖何时会再度访问大陆。李敖说自己已经 70 岁了，下一次再来恐怕“魂兮归来”。这位总以犀利和尖锐示人的“斗士”，又一次在不经意间流露出文人柔情的一面。

以下访谈录系《厦门日报》记者根据李敖记者会现场录音整理而成，有删节。

## 三场演讲应该综合起来理解

记者：您的三场演讲侧重点不同，应该如何解读？

李敖：关于"李敖神州文化之旅"，我私下里定了三个题目：在北大讲的方法是"金刚怒目"，清华讲的方法是"菩萨低眉"，复旦的讲法是"尼姑思凡"。三场讲演其实是一个讲演，如果有可能，我希望一次讲完，这样理解起来就容易了。现在有人太心急，就一场演讲作了很多奇怪的解读，其实是不正确的。

记者：您接触了三所高等院校的大学生，对两地的大学生差别有何评价？您对上海的大学生尤其是上海的文化氛围有什么样的感觉？

李敖：你这个问题相当"恐怖"，你要逼出来我对三个大学的意见，挑拨我对三个大学的感情。我告诉你，我觉得都很优秀。我讲话的时候，他们的反应速度、对幽默感的了解、对语言的了解，都很棒。所以，三个学校都是非常优秀的。还有，你逼我讲，那我就说，上海的文化氛围怎么能和北京比呢？在我"安全"离开上海之前，我要把这个观点再讲一遍。

记者：您觉得最想把哪种理念留给大陆的年轻人？

李敖：我是一颗钻石，每一面都发光，我是把整体的我给大家。笨的人最悲哀，我们要做聪明的中国人。

## 文化是一切的根本

记者：您曾经说过重温旧梦就是旧梦的破碎，经过这次的"神州文

李敖来复旦大学演讲，备受学生欢迎。（宋智明　摄）

李敖游北京法源寺。（宋智明　摄）

化之旅”后，我想知道您的想法有没有改变？

李敖：我来的时候根本没有带梦来，所以无所谓破碎。为什么要带梦来？我是带着眼睛来，来看大陆的进步，所以觉得我不需要做梦，如果做梦的话，我会和大家共同做一个梦。

记者：您从北京到上海这样一趟走下来，如果可以挑选一首歌曲来表达您现在心情的话，您最想唱是哪首？

李敖：最想唱的是《忘了我是谁》。我告诉你，我这一趟称之为纯粹的文化之旅，并没有错。可是，大家不要忘记，文化是一切根本，文化和思想会反过来影响政治，会影响经济，所以我从文化上面生根发芽、开花结果，这个结的果可能落在政治上面，大家是明眼人，可能都看得出来。

记者：现在的年轻人对传统文化比较疏离，你对改变这个现状会做些什么？

李敖：文化的传承和转变需要时间，有的时候很快，有的则经过多久的时间它也不会散去。所以我说，我们 21 世纪的人，有些人的思想是 11 世纪的，甚至是公元 1 世纪的，公元前 1 世纪的都是有可能的。我认为，我们要消灭一个文化，基本上是相当困难的。对台湾当局的“去中国化”策略，有的人忧心忡忡，其实没必要。

**把我的话琢磨透了，再来挑错！**

记者：您认为鲁迅不是文学家的理由是他没有写过长篇小说，对此我不敢苟同。契诃夫、博尔赫斯都没有写过长篇，但没有人否认他们是世界级的作家。我认为，文学作品的优秀与否，与篇幅长短无关。您不认为您的观点有失偏颇吗？

李敖：我已经在凤凰电视台《李敖有话说》里面已经用证据证明了

我的观点，这里不想再重复。我只是想提醒大家，我们很多人觉得自己渺小，那是因为自己跪着看伟人的缘故。你要让自己伟大起来，就必须站起来看伟人，有此习惯，你自己就有望成为一个了不起的人。

记者：您曾经在《鲁豫有约》里面举一个例子，说到狮子的哲学，显然您有一个失误，因为狮子是一个群居动物，您一定是把狮子当成了豹子或者是老虎，您也会出现口误和失误的时候，对此您怎么看？

李敖：你所指责的部分很抱歉，我没有错，为什么没有错？因为我指的母狮子是一个多情的母狮子。我是看一个电视节目才知道这个故事的。我再和大家讲一遍这个故事，就是母狮子最后要断奶，让小狮子们自谋生路，可是它怎么做呢？它抓到一只羊放在地下，两个小狮子在吃的时候，妈妈离开了，永远地离开了，等于给它的小宝宝做了最后的一顿午餐，然后离开了。我赞美这个母狮子，因为它有那么洒脱的哲学情怀，而人类反倒哭来哭去，纠缠不清，所以我说这是一个好的教训。

记者：有人说您以前是书生本色，后来上了电视，和公众面对面交流，又在三次演讲中提到“钱”，是媚俗的表现，您怎么看？

李敖：说我“媚俗”是对我最大的不了解。我这么多年一路走来，始终如一，我讲话的技巧不断改变，也会用各种嘴脸和扮相来讲我的话，可这不是媚俗。美国总统肯尼迪说过，社会中会有五分之一的人口，就是 20% 的人是“什么都反对”，永远在旁边讲风凉话，说三道四。这样一群人，在我看起来是没出息的。出来战斗可以，藏起来讲风凉话是不好的。

## 洒脱看待生死

记者：您说希望去海南岛养老，一个人去看夕阳。有什么深的含义吗？

李敖：我老了，我希望找一个温暖的地方藏起来，我的腿坐牢时受了伤，怕冷。我愿意像海明威那样站着写作，每天只写 500 字，一年写一本小说。累了就看看夕阳，最后让自己悠闲地死掉。我希望自己活到 90 岁开外。

记者：英国的诗人济慈曾经给自己写了一个墓志铭，把名字写在水上，如果您自己有一个总结的话，您怎么去写您的墓志铭?

李敖：我已经把我的尸体捐赠给了台大医院，我死了以后，先经过解剖，能捐给别人的就捐给别人，不能捐给别人的老骨头就挂在台大医院，使恨我入骨的人都可以看到，我的下场可能尸骨无存。所以，我无法写我的墓志铭。

记者：这几年您去做电视，写的东西少了。我们还是希望你多写写。

李敖：我不是绝对不写，而是要少写。我已经写了 3000 万字，还比不过曹景行的爸爸曹聚仁，但我要尽量少写，写得多也不一定管用。媒体进入“声光化电”时代，我选择通过电视来“写”，同样是一件快乐的事。

采写：《厦门日报》记者 宋智明 唐逸豪

时间：2005 年 9 月 27 日

## 温暖和百感交集的旅程

《厦门日报》记者 宋智明

有的名人采访过后就算完了，例子不少，恕不一一列举；有的名人采访过后你会一直惦记着，比如去年的钱理群，比如今年的余华和李敖，这样的人物可遇不可求，他们就像漫长而艰难的采访之路上的明灯，提醒自己或许正走在一条正确的路上。

9月28日下午，在京沪两地如影随形地跟踪采访李敖9天之后，我们回到了厦门。不会再有那样惊心动魄的“贴身战”和醍醐灌顶般的“李氏棒喝”了，我的心里空洞无比。到了香港，到了台北，“敖哥”的嘴里又会迸出哪些“警世恒言”呢？我赶紧打开电脑，打开电视，目光急切地搜索着“敖哥”的“倩影”，虽然不能亲临现场，总算聊胜于无。我的心又变得无比充实起来。对采访过的名人念念不忘，这在我的采访史上并不多见。为了让李敖在身边多待一段时间，我还冲进书店，买了一大堆李敖新作。

那些日子一有空，我就找出刊发我和同事采访李敖神州文化之旅文章的十来张报纸，按时间顺序读上一遍，辅之以当时的日记和采访记录，那些难忘的采访日子就像放电影一样一幕幕地在眼前呈现。某一天突然发现，文字毕竟还是过于苍白和单调了，认识李敖，一定要到现场去，从声音、手势，甚至听众的呼声，全方位地感受，才能领略李敖的过人之处！的确，就像一位台湾来的同行所说的那样：“在台北，到现场听李敖讲话是要掏钱买票的！”于是就痴想，不知哪位有心人能够好好地总结李敖的神州文化之旅，为我们制作一本图文并茂的书，使我们可以轻松而从容地体验这次难忘的旅行？

11月下旬的一天，在厦大旧校门的晓风书屋，我竟得以与这本“心灵之书”相遇！是的，就是这本《快意还乡——李敖神州文化之旅》，真正的图文并茂！摄影王纪言是凤凰卫视中文台台长，张林、麦楠是凤凰卫视的记者，后记的作者刘长乐更是凤凰卫视总裁，“近水楼台先得月”，他们跟李敖才是真正的“如影随形”，他们掌握的不少“猛料”绝

《厦门日报》记者探访北京新鲜胡同小学。（宋智明 摄）

对独家绝对鲜活！该书的定价39.80元让我犹豫了三分钟，最终还是决定拿下：这可不是一般的书，它间接地记录了我们生命中的一段短暂而深刻的记忆啊！特别是书里还有一张我们提问时的彩色照片！

当天晚上从7点开始，一直到第二天凌晨两点，我花了7个小时，重温了这次"温暖而又百感交集的旅程"。李敖此行，可圈可点之处不胜枚举，给我印象最深的还是李敖在小时候待过6年的北京新鲜胡同小学参观时，刘长乐披露的一个秘密："李敖的泪水其实已经在眼眶打转儿，他与小学生们挨个握手，有一个扭头动作，半天没回头。他在控制自己，他要'男儿有泪不轻弹'，因为真的一弹，泪水可能会一发不可收拾。李敖最后还是用他刚烈的一面战胜他柔软的一面，这柔软藏在心底，充满温情。”这一细节很好地说明了李敖这个“矛盾共同体”。李敖离开新鲜胡同小学时，记者问他给学校留点儿什么。他说：“我把爱留下了。”李敖此行，好话狠话都说了，目的其实都是为了“把爱留下”。

那一天下午，我们抽空来到阜成门内西三条21号，鲁迅离开北京前的最后一处住所。我在著名的“老虎尾巴”外面久久伫立，鲁迅先生是如何与如此狭小的空间结下深厚的“友谊”，“神骛八极，心游万仞”的？我细细地打量着鲁迅手植的丁香和刺槐，那株著名的枣树不在了，院子里落的几个褐红的枣果是隔壁人家的枣树所产。在工作人员的热情邀请下，我们一人吃了一颗枣，相信味道和那棵已经消失的枣树所产大同小异。那甜味至今还在我的唇齿间徘徊，那枣核至今还摆放在我的书架上。我希望它能像普鲁斯特吃过的“玛德兰小点心”那样，唤起我对北京之行的所有记忆。对我而言，到过鲁迅故居，才算真正到过北京。这是我比李敖幸运的地方，他在北京东游西逛，竟然把这一处重要的地方错过了。唉！

敖哥，欢迎你再来，神州的美景不是一次就能看完的。下次来，你最好悄悄地来，多住一些日子！

**时间：2005年12月15日**

第三篇

# 余光中：写作拥有美丽心灵

名片

余光中，泉州市永春县人，1928年生于南京，1947年入金陵大学外语系（后转入厦门大学），1949年随父母迁香港，次年赴台，就读于台湾大学外文系。1953年，与覃子豪、钟鼎文等共创“蓝星”诗社。1974—1985年任香港中文大学中文系教授。2012年4月，84岁的余光中受聘为北京大学“驻校诗人”。著有诗集《舟子的悲歌》《蓝色的羽毛》《天国的夜市》《钟乳石》《万圣节》《莲的联想》《五陵少年》《敲打乐》《白玉·苦瓜》《天狼星》等十余种，其中最著名的有《乡愁》。另有散文集多种。

## 第一天：
## 余光中：中文写作不是雕虫小技

余光中先生的影响力太大了，25日中午，他一到厦门，就被各界人士“包围”了！有人找他谈“诗歌进校园”的构想，有人找他谈在永春建余光中文学馆，有人找他谈出版“凤凰树下随笔集”，更有不计其数的人找他签名，跟他合影。余光中先生今年86岁了，本报记者实在不忍心在当天增加这位文化老人的负担。只有在25日上午，余光中先生在厦大建南大会堂做完一个小时的主题演讲《从九州到世界》，完成此行最吃力的任务后，我才斗胆请余光中先生的好友、写过《火中龙吟——余光中传》、任教于厦门大学台湾研究院的徐学教授引荐，对余光中先生进行了专访。谈到家乡，谈到厦门，谈到读书和写作，余光中先生谈笑风生，仿佛年轻了许多。

### 厦大是精神故乡

毕竟是年过八旬的老人了，眼睛一天要滴六次眼药水、耳朵要戴助听器，余光中先生已经怯于远行了，他多次拒绝讲学和采访的要求，“我需要静静地思考和写作，更何况，我在高雄的台湾中山大学还开了一门英诗欣赏和翻译课，每周要上三节课，走不开啊。”但母校厦大的一声召唤，他还是义无反顾地来了。虽然他只在厦大外文系上过一个学期的课，但他的作家梦是在这里编织的。后来，他又来过四次厦大，认

余光中在厦大演讲，主题为“从九州到世界”。（黄晓珍　摄）

识了不少新朋友，久别难免想念。徐学就是其中的一位。

据徐学介绍，余光中先生这次来厦的一大任务就是协商对 2002 年由花城出版社出版的《火中龙吟——余光中传》进行修订，毕竟 12 年过去了，余光中先生又出版了十几本书，各项活动也大为增加，两人计划扩大原书的篇幅，预计由 20 万字扩至 40 万字，计划两年内完成。

另一大任务是，加快推进永春余光中文学馆的建设。据了解，余光中文学馆将建成一个以余光中文化为主题的展示、研究、创作和游客中心，馆里将收藏各种余光中著作的版本，朋友送给余光中的名画、雕塑，还有余光中的录音录像资料，将长期播放台湾为余光中专门摄制的一个小时电影《逍遥游》，不定期演出以诗歌《乡愁》为主题的长达两个小时的歌舞剧。文学馆总建筑面积 4000 平方米，建在一个公园内，是一幢四层楼，预计明年 2 月完成硬件建设，里面的布展将由熟悉余光中创作的徐学担任总指挥，力争精益求精，办出特色。

最重要的是，“我要重温旧梦啊！”余光中说，“我要看看似曾相识的街道和建筑，我要在脑海里体验读大学时从公园路，骑脚踏车上高坡，过海边沙滩，转过南普陀，进入厦大。那时的厦大比较朴素，现在的厦大比较漂亮，我都喜欢，尤其喜欢校门口的雕塑，一本书，像一只鸟张开双翅在飞，多美。”

**把母语发扬光大**

有人关心，余光中先生还在写作么？答案是肯定的。据徐学介绍，最近，余光中先生完成三首新诗的写作，都是长诗，分别为《大卫》、《咏屈原》和《卢舍那佛》，马上要结集出版一本新诗集，还有散文集《粉丝与知音》即将由九歌出版社出版，收入的都是首次出版的新作。

对于余光中先生来说，文学是他的宗教。“我到世界上来，上帝给了我一副皮囊，皮囊用坏时，我希望可以毫无愧色地说，至少，我把中文写得更好了，我把母语发扬光大了。”余光中认为，中文写作不是雕虫小技，不是简单的舞文弄墨，中文藏着民族记忆和文化密码，方块字是中华文化的象征，中文写作是传承中华文化，传承民族记忆。

对写好文章，余光中提倡四句话：“白（指白话）以为常，文（指）以应变，俚以见真，西以求新。”他认为，会写文章，探索各种写作技巧，都是为了更深刻地与古人沟通，做朋友，拥有一个美丽的心灵。

1995年4月，余光中首次回厦门，在晓风书屋为读者签名。（徐学　摄）

## 不忍心让读者失望

成为名人之后，余光中收获了巨大的喜悦，也体会到种种烦恼，他很想写一篇《名人的危机》，照相时怕被挤倒，喝茶时怕茶被打翻，签名时怕眼前都是手，反而不知从何下手……他无奈地笑笑，有时真想借钱钟书用过的话来做挡箭牌：“假如你吃了个鸡蛋觉得不错，何必认识那下蛋的母鸡呢？”喜欢一个作家，签名、合影不重要，重要的是用心读他的作品。可是，读者是作者的衣食父母，自己年轻的时候不也追过文学明星吗？因此，只要健康和时间允许，余光中仍会不厌其烦地为读者签名，与读者合影。“他们因此而增加对文学的好感，也是作家的使命之一啊。”

据徐学教授介绍，余光中先生身上有贵族气，也有很平民的一面。徐学与很多港台名作家打过交道，一些作家一看读者递过来的是盗版书，坚决不签。余光中先生则是来者不拒，虽然接过的是盗版书，但他照签不误，不忍心让读者失望。当然，他不忘幽上一默：“这是我的私生子（指盗版书）。”

## 为女作家叫好

在主题演讲里，余光中先生不断地为女作家叫好，不断地给海外的华文写作者加油鼓劲。“近现代文学，优秀的小说家有张爱玲、萧红、朱天文、朱天心、林海音、陈若曦、李昂、西西和严歌苓，还有香港的施叔青，她写了《香港三部曲》，我们才知道，香港没被张爱玲写完；优秀的散文家有冰心、琦君、林文月、张晓风和齐邦媛，简直层出不穷，对了，还有杨绛，一百多岁了还推出新作，了不起啊；优秀的诗人则有舒婷和席慕蓉。”余光中列出一长串的名字，“所以，女作家不必妄自菲薄，她们观察之细腻、感受之丰富，远非男作家可比。去年的诺贝尔文学奖颁给加拿大女作家艾丽丝·门罗，正是对女性写作的充分肯定。”

至于海外华文写作，余光中举拜伦、雪莱、济慈为例，他们离开英国，流亡希腊等地，但文学成就高于留在英国本土的华滋华斯，中心和边缘有时是会发生变化的。“我们举办各种形式的海外华文写作会议，就是为了让世界各地的华文写作者欢聚在一起，交流写作的得失，开阔视野，把中文越写越好，写出世界级的力作。”余光中总结说。

## 余光中与厦门大学

厦门大学校友余光中被称为台湾现代派“十大诗人”之一，他的第一首诗就是在厦大读书时发表的。1949 年 6 月 22 日，余光中在厦门《星光日报》上发表了《扬子江船夫曲》，这是一首描写川江船夫的诗歌。

1995 年，余光中应邀回厦大参加 74 周年校庆；2006 年，厦大 85 周年校庆，余光中重返母校，登台朗诵自己的诗歌《浪子回头》，表达对母校的怀念。今年，余光中回厦大参加第 13 届海外华文女作家协会双年会，再次引发“追星潮”。

# 文学一呼 应者云集

余光中和席慕蓉来厦门的消息经本报刊出后，引来许多“余粉”和“席粉”的强烈关注，人们纷纷从各种渠道打听如何能够与心爱的偶像见上一面，有些热情的读者干脆直奔会议现场！结果，不到7点，克立楼从一楼到三楼的过道上站满了社会各界闻讯赶来的读者，其中有两位明星作家的“三代读者”，即祖父、父亲、儿子都嗜读两位作家的作品，有的读者更是从清晨四点就赶来排队。现场一千多人排起长队，而热心的读者还在源源不断地赶来。

主办方一开始有些吃惊，本来以为文学失落已久，应该没有多少读者的，没想到人们内心的文学热情这么高涨。会议八点半就要开始，而最多只能容纳四百人的三楼报告厅根本不可能装下上千人甚至更多。可是，人们的文学热情也不能扑灭啊。怎么办，主办方果断地做出决定，原定在一个地点召开的会议分上下场，上半场，开海外华文女作家2014双年会，严格限制人数；下半场，会场移到厦大建南大礼堂，余光中、席慕蓉和徐小斌发表主题演讲，对所有赶来的读者开放。决定一出，掌声雷动。热心的读者自觉转移阵地。

年会一开幕，今天的主角属于台上的余光中、席慕蓉、舒婷和台下的150位海内外女作家，人们欣赏的目光都是献给作家、献给文学的，纷纷抓住各种机会拍照。下半场，作家们移师建南大礼堂时，进场时不禁惊呆了，能够容纳四五千人的会场座无虚席！人们对作家们献上最热烈的掌声和欢呼。读者中，有14岁的女孩，也有年近七旬的老人，有放弃睡眠的文化工作者，也有推掉其他应酬的公务员，人们以文学的名义聚集在一起，只为向感动过自己的诗人、作家致敬，只为向曾经点燃梦想和青春的文学致敬。

其实，文学何曾失落？只是我们优秀的诗人作家羞于吆喝而已，这次，主办方借《厦门日报》一隅，试探性地发布活动预告，没有想到应者云集。这样的效果是双赢的，读者满足了追星的愿望，诗人作家则从读者的热情上收获写作的信心。一位来自美国的华人女作家激动地说：“这是我开过的最热闹的会，诗人和作家成为明星，这是一种文化现象，只要我们认认真真地写，就不愁没有知音。”

## 150位海内外华文女作家聚厦研讨文学

余光中、席慕蓉、陈若曦、舒婷……每一位知名诗人、作家的出现，都会引起在场观众的欢呼！2014年10月24日上午，厦门大学成为文学的校园。来自全球五大洲的150名华文女作家聚在一起，交流写作经验。24日至26日，第13届海外华文女作家协会双年会在厦大举办。据悉，本届双年会邀请海外嘉宾共120人，大陆及台湾、香港地区嘉宾30人。10月25日上午，余光中和席慕蓉以特邀嘉宾身份，分别作《从九州到世界》和《我的原乡书写》主题演讲，受到读者热捧。

双年会主办人张纯瑛介绍说，海外华文女作家协会于1989年在陈若曦三藩市寓所成立。经过25年发展，会员由21位增加到200多位，遍布全球，每两年轮流在北美、亚、欧各国举办双年会。第13届双年会邀请的嘉宾，将围绕“多元 · 跨界：我们的写作”这一主题，发表跨越性别、文化、文体的嘉言宏论，希望扩展华文写作的层面、纵深与多元化，令各方文学同好得以结缘，写出更好的作品。

本次双年会指导单位为厦门市委宣传部和厦门市文联，由厦门市作家协会和海外华文女作家协会主办，厦门大学人文学院和中文系联办。

采写：《厦门日报》记者　宋智明

时间：2014年10月25日

# 第二天
# 两作家妙答写作与人生

26日上午10点15分，“与大师有约：对话与交流”活动开始，余光中、席慕蓉上台接受海外华文女作家的提问。席慕蓉朗诵了两首诗《出塞曲》和《大雁之歌》，余光中则朗诵了三首诗，其中包括一首英文诗和两首中文诗《食客之歌》和《民歌》，暖场之后，他们谈诗歌，谈写作，谈爱情，谈人生，妙语连珠，现场响起热烈的掌声和欢快的笑声。

**余光中：割盲肠，治牙痛，我都能写成诗**

问：您现在还写诗，如何保持激情？

余光中：别人问我还写诗吗？一般情况下我会大怒。我一直在写，今年还会出一本蛮厚的诗集，问这个问题的人一般不看报纸，不逛书店，不看评论。我一直在努力，没有睡懒觉。古人里面，辛弃疾、陆游到了中老年还在写诗，而且写得很好。美好的事能入诗，讨厌的事也能入诗，诗可以抒情，可以叙事。我去医科大学，写看病的诗，给我的推拿师写诗，割盲肠，治牙痛，我都能写成诗。诗的题材无穷无尽，太空人登月球，我也写了诗。我比李白厉害，因为李白没有这个经历。我们不必气馁，好好写，可以超越古人。

问：有了名利后，写作可能偏离初心，请问您是如何通过名利关的？

余光中：写诗一开始挣不了多少钱，“稿费如小费”，当时发一首诗，稿费五块钱，请女朋友下次馆子，口袋还剩一块半。后来诗集畅销了，但肯定不如影星歌星挣得多，银行的钱比不过成龙。诗人要甘于清贫。中年后有了名，要你写序的人多了，真是不胜其烦，很想写一篇《序你个大头》。要正确面对批评，没人批评是你写得不够好，有人批评，也不要一骂就回应，“巩固国防”不如“增加生产”，应该埋头多写，证明批评家看走眼。

## 余光中致谢读者

厦门大学台湾研究院徐学教授告诉记者，因为被粉丝包围，余光中直到昨天下午三时才有空细读本报报道。余光中看完报纸后说：“蛮好蛮好，版面美观，大气，角度和文采都不错，辛苦你们了。”余光中对此次厦门之行很满意，他表示，见到不少海外华文女作家，与不少厦门老友见了面，解了“相思”之苦。广大读者对他很照顾，真是有点儿受宠若惊。“感谢感谢。”

### 席慕蓉：《一棵开花的树》与爱情无关

问：我想问席慕蓉老师，“如何让你遇见我 / 在我最美丽的时刻……”这首《一棵开花的树》很有名，现在经常在结婚典礼上被人朗

余光中与舒婷喜相逢。（黄晓珍　摄）

诵，请问，这首诗的背景是否与爱情有关？

席慕蓉：教科书上把它定义为情诗，我不反对。但我写了很多首爱情诗，只有这首与爱情无关。那是我看到一棵真实的开花的树而写的。当时我在台湾新竹师院教书，经常要乘火车经过苗栗，山洞很多，一次一回头在一个偏僻的山崖上看到一棵开花的树，这是日本人当年种的油桐。平地的油桐挤在一起长大后，往往又瘦又高，而这一棵孤卓、边上没有别的树的油桐却长得像一把大伞，亭亭华盖，开满白花。独自在那里开着繁花，少人问津，令我很惊讶，也有莫名的感动。我认为草木也是有情的，呼应着季节而荣枯，这棵树开得隆重、热烈，把叶子都遮住了，就算没有同伴，也要热烈地释放能量。这里面有诗。如果你们认为这是一首爱情诗，我觉得是我对植物的爱情。

问：席慕蓉老师，您好！我是高校的老师，我们有个一个月读一个诗人的活动，这个月准备读您的诗，请问，如果只挑一本诗集的话，您推荐哪一本？

席慕蓉：不同的人审美标准不一样，我认为好的，你可能认为不好。若要我个人推荐的话，我最满意的是《边缘光影》。我的第一本诗集《七里香》出版后受欢迎，我又写了第二本《无怨的青春》，然后突然接到张晓风的一封短信，她委婉地说，“又怕这诗读下去总也读不完”，意思是，不要重复自己。这对我是当头棒喝。我停下来，不写了。当然，前两本诗集一直很畅销，这不是我能控制的。有人调侃说，我的诗要是写得像《七里香》，还不如自杀！我只有苦笑。然后，有了第三本《时光九篇》，有了第四本《边缘光影》，《边缘光影》记录了我 12 年的生活，在其中重要的 9 年里，我陪在父亲身边，送走了父亲，我感到痛心的是，我访问了那么多人对“原乡”的感受，就是没有采访我的父亲，没有问他一个北方人，从一个墙上挂着红玉米的地方，如何在南方活下来。我很后悔，写了这《边缘光影》，那里有我最深的痛。

采写：《厦门日报》记者 宋智明

时间：2014 年 10 月 26 日

# 第三天
# 余光中：一本书多读几遍，自然记得牢

以特邀嘉宾的身份，来厦门参加了第13届海外华文女作家协会双年会后，10月27日上午，著名诗人、学者余光中先生乘坐9点50分的航班返回高雄。《厦门日报》记者、厦门市作家协会副主席宋智明有幸受厦门大学所托，和厦门市作家协会副主席何况一起护送余光中先生去机场。

在去机场的路上，87岁（注：余光中先生出生于1928年，他不说自己86岁，而是骄傲地说自己87岁，应该是虚岁）的余光中思维敏捷，谈兴甚浓，一路上谈文学，谈人生，谈自己的生活起居，时有妙语，让我们受益良多。余光中爱聊天，能聊天，只要你抛出一个话题，他都能很快答上来，而且，不时地说出与别人不同的见解。

### 谈幽默：幽默是汽车上的防震器

宋智明：余先生，这几天要感谢您，受您说话风格的感染，我说话也幽默了许多，大家都说我变风趣了。

余光中：好的幽默是汽车上的防震器，让你的人生遇到坎坷时变得平稳。幽默对自己是自嘲，对别人，用得不好是讽刺，严重的是刻薄。要幽默，得会用比喻，林语堂的名句，演讲应如女人的迷你裙，越短越好。迷你裙和演讲有什么相干？你发现了共同的“短处”，比喻就变得

余光中为读者签名。（黄晓珍　摄）

有意思。钱钟书是比喻大师，他在《围城》里说过，男人有时是“同性恋”，他爱的不是老婆，而是老婆有钱有权的父亲。

何况：一部《围城》，去掉比喻，就没意思了。

### 谈沈从文：他写的是真正的工农兵

宋智明：现代作家里面，鲁迅之外，我最喜欢沈从文，他的《边城》，我每年都要读一遍。柔软，优美，善良，忧伤……太迷人了。著名汉学家、诺贝尔文学奖终身评委之一马悦然透露，1988 年，沈从文只要能活到 10 月，当年的诺贝尔文学奖得主就是他了。那么，沈从文就会为我们树立一个柔美的、优雅的汉语的榜样。中国当代文学也可以早几年扬眉吐气。

余光中：我也喜欢沈从文，我喜欢他的《萧萧》。大媳妇萧萧和别人相好了，按当地规矩应该捆起来，扔进池塘淹死。但当地的人很善良，原谅了她。这里面有大悲悯。沈从文写的是真正的工农兵，但当时的主流文学不认可他的这种观点，他们要的是有阶级性的、高大上的工农兵。

何况：沈从文后来转行搞古代服饰、古代文物研究，大家以为他是心甘情愿地转行的。最近他的一些书信被发现，其实，他哪里甘心。

## 谈写作：人太聪明有时对写作有害

宋智明：对了，何况是莫言的师弟，他们都是解放军艺术学院文学系毕业的，莫言是 1984 级的，何况是 1993 级的，何况在北京读书时，莫言还给他们做过讲座。

余光中：我见过莫言。有一年在复旦大学，我，莫言和韩少功，我们三个人有一个文学对话。莫言给我的印象很好，人很朴素。人太聪明了，有时对写作有害。

何况：莫言获诺奖，居然引来许多质疑。大陆的鲁迅文学奖，近两届也因为个别诗人获奖引起很大争议。

余光中：听说最近一届有打油诗获奖?

何况：号称格律诗，其实就是打油诗。这样的诗第一次获这个奖。

余光中：茅盾文学奖似乎公开争议少一些。文学评奖要与意识形态保持距离。台湾的文学奖大多由民间设立，比较公平，争议较小。

### 谈两岸：文化交流多多益善

宋智明：一般情况下，都是您受邀来大陆访问、演讲，台湾有邀请大陆作家去演讲吗？

余光中：很多啊，高雄的“台湾中山大学”开了一个“余光中人文讲座”，我请过大陆的王安忆，学生反响蛮好。王安忆很用功，是作家中的“劳模”，隔一两年就有新作出来。两岸之间，要多来作家，多多益善。

何况：王安忆祖籍同安，她的爸爸是同安人，厦门市图书馆有个本地作家专柜，王安忆的书赫然摆在架上。她的《长恨歌》写得好。

### 谈睡眠：睡觉时意识流乱闯多梦

宋智明：您现在的睡眠怎样？

余光中：中年的时候，我每天都是凌晨一点半才上床睡觉（宋智明插话：哇，和我一样，也是“夜猫子”）。进入老年，太太不允许了，她“强迫”我必须在晚上11点前睡觉。还好，上床躺10分钟，就能入眠，中途会醒来两三次，每次长达10分钟，意识流乱闯，有趣，也烦人。还有就是多梦，所谓老年多梦。我写过一首诗《老年做梦》。不过，我一天只要两三个小时睡得浓，就不会太疲劳。

宋智明：能吃能睡是福啊。淡泊，从容，人容易长寿。杨绛家里没有装修，地板还是水泥地，她今年103岁，整理出版了钱钟书的厚厚的英文笔记和中文笔记，最近还出版了长篇小说《洗澡之后》。余老师您要加油哦。

余光中：杨绛先生了不起。台湾我的一位年轻朋友说，大陆他只欣赏“一个半”作家，“一个”是杨绛，“半个”是钱钟书。我现在是“台湾中山大学”的终身教授，还给学生上课，还写作，一直在工作状态，人老得慢一些。

宋智明：这几天，与您交往，听您演讲，感觉您喜欢和人交流，而且在讲演时特别精神，人显得年轻许多。

何况：余先生，我发现您的记忆力特别好，讲一个问题，古今中外，上下左右，引经据典，让我感到惊讶。您是如何做到的？

余光中：没有奥秘，我一直在给学生上课，上课嘛，就要把读过的书再读一遍，读得多了，自然就记得牢。

采写：《厦门日报》记者 宋智明

时间：2014 年 10 月 27 日

# 护送余光中先生登机记

《厦门日报》记者 宋智明

10 月 26 日，厦大逸夫楼对面餐厅，午餐间隙，厦门大学台湾研究院徐学教授走过来说：“智明，你明天上午有空吗？想拜托你一下，帮我送余光中先生到机场。我明天上午有课。”

我说：“有空，这是我的荣幸。不过，我再和作协的其他朋友商量一下。”我找到鲁迅文学奖得主、旅行经验丰富的厦门市作家协会副主席何况，请他一起帮忙送一下余先生。何况嗜好读书和写作，更是余光中的铁杆粉丝，他说：“我们作协是这次会议的主办单位之一，应该出一份力。我跟你一起去。”

于是，我对徐学教授说：“您安心上课好了，我们来送。”

徐学高兴地说：“谢谢，明天上午 7 点，我们逸夫楼大厅见。”

厦大校方会派车送，我们只要把余光中先生送到机场，协助他办好登机手续，就算完成任务。可是，看似简单，其实复杂。余先生年过八旬，又是德高望重的文学大师，一点儿闪失都不能有。我不放心，又找到我的文友、家有藏书两万多册的云良，他也是“余粉”。我请他帮忙，明天上午开车来接我，到厦大后，我与何况上厦大的车，云良开车跟在后面，万一前面的车有什么小故障，就转坐云良的车，这是“双保险”，云良爽快地答应帮忙。我们约好：明天上午 6 点 10 分，他到禾祥西路我家门口接我。

临睡前，我把闹钟调到周一上午 5 点 29 分。当天晚上写稿改稿，看了一会儿书，已是 27 日凌晨 1 点，我赶紧上床睡觉。20 分钟后，我被一个电话叫醒，我想：这么快就到时间了？原来，是编辑找我核实文章里的两处日期。好在太困了，再睡时很快入眠。

5 点 40 分，云良打来电话：“我到你家楼下了。”

我说：“不是说好 6 点 10 分吗？”

他笑：“我也睡不好，不如我们早点儿去厦大。”

下楼后，我说：“你等一下，我去银行取点儿钱，万一有急需。”

取了 1000 元，“粮草”充足，6 点 6 分，出发。

车子经过演武大桥，天才蒙蒙亮，云良说：“一个城市在慢慢醒来。”

我笑：“受余光中先生影响，你也成为诗人了。”

6 点 28 分，我们到达厦大。过了 5 分钟，何况也到了。我们在院子里看云彩极美的天空，谈文学和人生。7 点 10 分，徐学教授陪余光中先生下楼用早餐。几分钟后，厦大派来的小车到达。7 点 40 分，徐学教授和余光中先生用完餐。我们迎上前去。徐学简单交代了一下如何进机场办手续，何况说：“国际和港澳台出发厅我去过多次，情况熟，放心。”

于是，我们上车，何况坐在副驾驶座，余光中先生坐在驾驶员背后的座位，我坐在他右手边的座位。上车后，我提醒余先生检查一下证件和机票，他从随身携带的包里取出需要的东西，一一指给我看，都齐了。飞机 9 点 50 分起飞。

车子过钟鼓山隧道，很快上了成功大道。今天是周一，正是上班的时候，车速较缓，我的心里很矛盾：既希望车子开得快一点儿，又希望慢一点儿。快是可以早一点儿到机场，慢是为了和余先生多相处一会儿。我与何况都是作家，文学是我们最感兴趣的话题，我们试探性地与余先生聊了几句，没想到余先生非常健谈。他谈得很认真，很主动，完全不是在应付，这真让我们感到高兴。我们谈文学，谈人生，那一刻，我快要陶醉了：半个多小时，我们可以在这么小的空间里听到余先生那么独特的声音，那么独特的观点，这是何等的幸运啊。后来，我在微信上写了一句：“感谢文学带来的一切美好。”

高崎机场的航站楼遥遥在望了。我有点儿依依不舍。车子停下来，何况帮忙搬行李，我赶紧上前扶着余光中先生的右臂，其实，他走路很稳，只在上下楼时略显迟缓，一般情况下不需要别人搀扶。我扶他，其实是向文学长辈致敬。

何况一手提着行李，一手扶住余先生的左臂。

云良完成“双保险”的任务，把车开到机场地下停车场。

到国际和港澳台出发厅的第一道门门口，一名“90 后”工作人员把我们拦住了，她说：“只能进去一个人陪。”

何况果断地说：“这里的情况我熟，我陪余先生进去。”

我只好依依不舍地放下牵住余先生右臂的手，何况提醒我：“要不要在这里和余先生合个影？”

余光中办理登机手续，准备飞往高雄。（何况　摄）

我说："办理登机手续要紧，余先生这几天也累了，我就不给他添麻烦了。"

何况提着两件行李，陪余先生走进出发厅。据何况后来转述，余先生似乎归家心切，进去后步子突然大了起来，有一种"大步流星"的感觉。何况不放心，赶紧上前搀扶余先生。

余先生说："谢谢，你提行李吧，我自己能走。"

过海关行李检查 x 光机时，余先生嘱咐何况：把两件行李都放上传送带。他自己也把手里的公文包轻轻放上了传送带。他怕何况不懂，还特意交代说：这边（指国际和港澳台出发厅）行李要先检查才换登机牌。

因为到机场早，还不到换登机牌的时间，何况扶着余先生在那种没有靠背的凳子上坐了下来，开始东一句西一句聊天。何况告诉余先生，这次不少人因为没和他合上影，心里感到遗憾。

余先生说："我愿意和大家照相，但请尽量少用闪光灯，因为我的眼睛怕刺激。"

何况赶紧说："我能和您合个影吗？"

余先生爽快地说："当然可以！"

何况掏出手机，请人帮忙照相。照好后，何况调出给余先生看，如果余先生不满意再补拍一张，但余先生认真看后说："照得很好。"

时间差不多了，何况陪余先生到华信航空散客柜台办理登机手续、托运行李。他原本想请工作人员陪余先生上楼过安检，但余先生听后拒绝了，他说："我自己能行。"

何况懂得余先生不服老，便谢过工作人员，陪余先生乘扶梯到了二楼。二楼的一位女工作人员得知何况是送客的，说："只能请您留步了。"

何况说："麻烦您照顾一下这位老先生。"

这位女工作人员笑着说："应该的。"

余先生从何况手里接过布质背包，伸出手与何况握了握，便稳捷地向安检走去。余先生是个感情细腻的诗人，过了安检后，三次回头向何况挥手。

"当时，我的眼泪差点儿流出来。"何况说。

这话不虚夸。刚才我在门口看着他们走出我的视线时，心里同样涌起几分伤感：再见不知是何年？

我问那位年轻的工作人员："你知道诗人余光中吗？"

她说："知道啊。《厦门日报》、微信朋友圈这几天都讲过，我读过他的《乡愁》。"

我淡淡一笑："刚才那位老人就是余光中。"

她两眼放光，激动地说："真的吗？"

云良找了过来，我说："我们去逛机场书店吧，我把刚才车上的谈话向你转述一遍。”

云良朝他们走去的方向望了望，遗憾地说：“我还带了三本余光中写的书，想请他签名呢。”

8 点 59 分，我给徐学教授发了一条短信：“任务完成了，放心，谢谢信任。”晚上 6 点 10 分，忙了一天的徐学教授打来电话：“余光中先生平安到家，他说，感谢你，感谢你们。”

后来，何况在微信上写道：“深深祝福余老先生健康长寿。”

我也发了一条微信：“期待余先生来厦参加厦大 95 周年校庆。”

那是 2016 年，我希望，那时，在厦大建南大礼堂，我能听见余光中再次朗诵他的《浪子回头》：“母校的钟声悠悠不断，隔着 / 一排相思树淡定的雨雾 / 从四十年代的尽头传来 / 恍惚在唤我，逃学的旧生 / 骑着当日年少的跑车 / 去白墙红瓦的囊萤楼上课……”

时间：2014 年 10 月 28 日

相关

# 席慕蓉：诗是自己来找我的

昨晚的建南大礼堂绝对火爆。因席慕蓉要在这里做讲座，不到 15 时就已满场，19 时前，礼堂已水泄不通。

当席慕蓉出现时，现场掌声经久不息。“如何让你遇见我 / 在我最美丽的时刻 / 为这我已在佛前 / 求了五百年……”当席慕蓉深情朗诵起她的经典诗篇《一棵开花的树》《山路》时，原本骚动的现场顿时寂静无声，现场观众沉醉不已。

## 谈写诗：明年将出第八本诗集

为什么席慕蓉的笔下能流淌出这么美的文字？“我写诗时，其实并不知道美不美，都是从我自己的心里出来的，但不全是感性。很多句子跑出来后还需要删除，通过理性组成构架。”席慕蓉说，诗是自己来找她的，开始是一种模糊的感觉，用话语表达常常会受困，需要找到准确的文字表达出来。“文字帮助我们思索，有笔在手上，就可以让它带你去思想，去找到最后最准确的感觉。”她说，文字本身也在引导她，正如一位知名女作家所说的，诗是从生命出来的，写诗和读诗是生命的本能。

席慕蓉的诗歌多写爱情、乡愁、时光和生命，那么席慕蓉眼中的爱情如何？席慕蓉说，爱情是一个人的事，没有定律可循，没有道理可讲。如何会去爱上一个人，爱上自己的原乡，这是人体里最坚定、最中心、最古老的“原脑”，它决定我们如何去爱，没人可以左右。

如今，席慕蓉仍在创作，她说：“这不是坚持，坚持是辛苦的，可是我很享受，是诗一直在诱惑我。”她说，从初中开始就有写日记、记笔记的习惯，日记是她的第一个朋友。明年席慕蓉将出版她的第八本诗集，她说，诗集的名字都想好了，但暂时保密。

“阅读本身是没有目的的，为了好处来阅读是很可惜的。”席慕蓉说，读书是一种享受，是为了更好地了解自己，了解这个世界和周围的人和事。“去旅行时带一本诗集在身上，在贝加尔湖畔阅读，感觉太棒了！”

席慕蓉在厦大讲述她的原乡情结。（黄晓珍　摄）

**谈绘画：画画写作相互成就**

席慕蓉是著名画家，她作品里的插画几乎都是她画的。前年，她在台东美术馆举办的一次展览给了她莫大鼓励。“画的是我的原乡内蒙古，共20幅。”她说，一直想画内蒙古，可是不敢，因为毕竟去的时间不长。“不敢画，又很想画，台东美术馆给了这么个机会，于是我豁出去了。”她坦言，展出后，她有说不出的兴奋，写了两万字回忆这次画展。

席慕蓉早年曾到比利时布鲁塞尔皇家艺术学院进修，成绩优异。“画画和写作是我的两个领域，因为画画，我的诗空间感比较强；因为写作，我的绘画文学性比较强。这些我自己并不知道，是很多人替我找

席慕蓉在听讲。（黄晓珍　摄）

席慕蓉认真阅读《厦门日报》。（宋智明　摄）

到的。”她说，日本一位画家说，画家应该有文学的本质，对画画会有帮助。这两个领域在席慕蓉身上相互影响，共同成就。

**谈原乡：我是个燃烧的蒙古人**

席慕蓉用自己拍的照片，向大家讲述了她的原乡经历，讲到深情之处，她几度哽咽。

“我不知道有一天会踏上我父母的故乡，我的血脉原乡。我生在四川，父母逃难到达的地方，五岁以前我会说蒙文。”席慕蓉还清楚地记得，1989年，她和朋友从北京坐着吉普车翻山越岭到达内蒙古，看到草原像波浪一样起伏，她一直在尖叫。“那一刻非常难得，我像走在自己的梦里。”

席慕蓉说，你年幼时爱过你、对你有所期待的人，他们在哪里，哪里就是你的故乡。正如一位老师所说的，他就是学生的故乡。“我很羡慕很多人，他们都有自己的故乡，而我一直是漂泊的。”她说，“踏上原乡的那一刻，我好像明白了，原来故乡一直存在于我的知识里，我真的见过。”她说，她一直很喜欢画一棵树，孤孤单单，拖着长长的影子。踏上草原时，她惊奇地看到这棵孤单的树。席慕蓉记得那是傍晚时分，树影拖得长长的，一直长在父亲的草原上。

席慕蓉说，游牧文化非常丰富，它们和自然如此和谐，是一个广阔得不得了的全新世界。“蒙古族文化就像我生命中的火种，已经燃烧起来了，所以我是一个燃烧着的蒙古人。”她说，第一次看到父母的故乡时，就被蒙古族文化所吸引，这也成了她创作的分水岭，她掉进了对原乡的追寻里。以前外出，她常常带一本诗集，现在她更多地带的是蒙古史书。

24日，席慕蓉和专程赶到厦门的两名内蒙古人民出版社工作人员签了合约，对方要将她的散文集《蒙文课》和《追寻梦土》译成蒙文，出版汉文和蒙文两个版本。“这是我最喜欢的两本散文集，一直希望能译成蒙文，现在终于美梦成真了。”

采写：《厦门日报》记者 李晓平

时间：2014 年 10 月 25 日

**读者印象：她超越了时光**

宝文

昨晚，建南大礼堂的每一个可以站人的地方都站满了人。我原本以为，这棵开花的树仅仅属于我的青春岁月。但是，诗歌就是有跨越时间的感动力量，那些翘首聆听的人绝大多数正是鲜活的 20 岁。萌动的年轻，纯净的爱情，理想的情怀，那些古典的美，动人的字，会一直流淌在人类的心里。70 多岁的诗人感动了这么多的人，开场时，她朗诵了自己的代表作《一棵开花的树》，声音平静而饱含力量，有种成熟的年轻。我完全不觉得她是一位老者，她站姿挺拔，优雅温厚，她已经是诗歌的精神，超越了时光，只留下了，落英缤纷，芳草鲜美。

**名片**

席慕蓉，原名穆伦·席连勃（蒙古语，意为浩荡大江河），画家、诗人、散文家。生于 1943 年，祖籍内蒙古，外婆是蒙古王族的公主。后随家人定居台湾。1981 年出版第一本新诗集《七里香》，刮起一阵旋风，销售成绩惊人。1982 年，出版第一本散文集《成长的痕迹》，表现出另一种创作形式，延续了新诗平静淡雅的风格。

相关

## 陈若曦：我的作品就是我的经历

今年是海外华文女作家协会成立25周年，陈若曦是创会会长。

24日傍晚，记者来到陈若曦下榻的酒店，冒昧地敲开她的门，本想表示歉意，不料她亲切、随和地邀请记者一起坐下聊天。灰白的短发，爽朗的笑声，朴实而稍带闽南味的话语，一下拉近了彼此的距离。

### 情系原乡：回台湾前必须先回北京

陈若曦一直积极参与社会事务，关注社会发展，于是，记者的采访从社会责任开始。“作为一位作家，一定要有社会责任，要言之有物，我的作品大部分都是我个人的生活经历！”她说。

陈若曦生长于台湾，1957年从北一女中毕业，就读于台大外文系，毕业后留学美国。1966年随着丈夫段世尧举家来到大陆定居，很多朋友劝她三思，但她仍执意前来。尽管当时她对大陆的情况并不十分清楚。回来后刚好碰上“文革”，吃了不少苦头，但对于这段经历，她坦言自己没后悔过。

“我是中国人，学成报国理所当然。”陈若曦说，美国毕竟不是自己的国家。“我坚定地不入美国籍，不要成为美国人，就连孩子都不在那里生。”陈若曦透露，在美期间，她一直坚持避孕。

“下一代一定要在国内生，不是在大陆就是在台湾，但一定不是在

陈若曦接受《厦门日报》记者采访。（黄晓珍　摄）

美国！”1967年，陈若曦夫妇在北京一个旅馆里生下第一个孩子，取名叫段炼。她说，这个名字很早就取好了，不论男孩女孩都叫这个名字。自己这一代人为祖国拼命，到了下一代就该锻炼意志，保卫祖国。

那么为什么不从美国直接回台湾呢？“我的祖父是从大陆去台湾的，我始终认为大陆是我的原乡，要回台湾必须先回北京。”陈若曦说，“文革”的经历让她得到成长。那段刻骨铭心的日子，对她日后的创作影响很大，《尹县长》《耿尔在北京》等一连串描写“文革”的纪实小说的出炉，奠定了她在文坛的地位。

### 报效家乡：她57岁时独自一人回到台湾

在北京的旅馆住了一年多后，陈若曦夫妇被分到南京的水利研究所。“在大陆待了7年多后，当时实在觉得我们发挥不了什么作用，于是先后两次给周恩来总理写信，请求离开。”陈若曦回忆，后来他们在美国、加拿大等地漂泊了20多年。

直到1995年，已经57岁的陈若曦又作出了人生中的第二个重大决定——回归台湾，报效家乡。“每个人的追求不一样，知识分子应该对国家、对民族有贡献，在国外虽然过得很好，可是对自己的家乡终究没有什么贡献。”陈若曦说，她并不是要成为英雄，只想贡献一点儿力量，有一份参与感。尽管丈夫坚决不同意，两人一度产生分歧，陈若曦还是坚持自己的信念，一定要回台湾。后来，她和丈夫离婚，将在美国的三套房子全部留给丈夫，孑然一身回到台湾，一直实践着以行动来关怀社会的诺言。从写作、保护生态到为女性争取权利等，在陈若曦身上体现的是知识分子的良知。

### 推动交流：曾邀请大陆专家来台讲课交流

“文学是一种救赎，我通过写作来安慰自己。”陈若曦说，“几年前做完脊椎手术后，文章就写得少了，除了偶尔写点儿杂文。今年6月，又刚做完乳癌手术。”

在美期间，女作家聂华苓继承丈夫遗愿，接手建立海外写作计划，经常邀请海峡两岸及海内外作家相聚一堂，充分交流，陈若曦也受邀参加。“我觉得这是一个很好的交流平台。”她说。在友人的倡议下，1987年9月，她和於梨华等人开始筹备建立一个海外作家组织，邀请大陆、台湾、香港及外国华文女作家参加。经过一年多的联络和筹组，响应的女作家达80多人，于1989年7月1日至2日，在美国加州伯克利召开了首届海外华文女作家联谊会成立大会。

回到台湾后，陈若曦出任台湾一所大学的驻校作家，她便联合台湾大学等高校，邀请大陆作家前来讲课交流。“无奈因未获批准，大部分作家都来不了。”令陈若曦记忆犹新的是，在一切都准备就绪时，作家张贤亮突然告知可以参加，搞得大家有点儿措手不及，只好赶快补办手续。

**名片**

陈若曦，1938年出生于台湾，读台湾大学外文系时参与创办《现代文学》杂志，作品多反映乡土生活。1966年偕夫回到大陆，1973年举家迁居香港，开始撰写《尹县长》等一系列小说和散文。1974年移居加拿大，1979年移居美国，小说多以华人社会的人情世故为题材，《纸婚》为其代表作。后返台定居，关注妇运、环保和老人福利。著作有40余部。

采写：《厦门日报》记者 李晓平

时间：2014年10月26日

第四篇

# 北岛：诗歌之光照亮突然醒来的人

名片

北岛，原名赵振开，1949 年出生于北京，做过建筑工人、编辑、自由撰稿人。1978 年在北京创办文学杂志《今天》，担任主编至今。自 1987 年起在欧洲和北美居住并任教。获得多种国际文学奖项和荣誉。作品被译成三十多种文字。现与家人定居香港。

## 交往：眼前就是远方就是诗

菌子已经没有了，但是菌子的气味留在空气里。

北岛离开厦门了，但是他的影响似乎刚刚开始。

回想去年 10 月与北岛的几次接触，除了温暖还是温暖。

10 月初的一个晚上，厦门大摩纸的时代书店活动策划人谋伟给我打来电话说，经过艰苦的努力，邀请到北岛于 25 日在书店举办一场沙龙。几年前，北岛中风，病愈后语言能力只恢复到原先的七成，他建议再请两名嘉宾一起来谈，他才不会那么辛苦。其中一位是北岛的好友、诗人伤水，另一位，与会的不少诗人都推荐了你。不知你有空否？

我犹豫了五秒：对谈对谈，一定要把北岛的作品翻一遍，起码得花一周，可手头的杂事却这么多。但是，北岛要来了，是《回答》、《一切》、《青灯》、《时间的玫瑰》和《城门开》的作者北岛啊，与他对谈，花一周重读其旧作又算得了什么？我欣然答应了。

10 月 22 日，应“2016 凤凰 · 鼓浪屿诗歌节”之邀，北岛踏上厦门的土地。这里是另外一位著名诗人舒婷的家乡。1979 年 10 月，舒婷在蔡其矫的安排下到了北京，与虽有多年通信却未谋面的北岛见面，时隔 37 年，两人才将在厦门首次见面。

当天晚上，在鼓浪屿褚家园咖啡馆，诗歌节的一场朗诵会正在如火如荼地进行。我陪诗人、评论家张定浩和特意从莆田赶来的诗人陈言白天逛完沙坡尾的几家书店后，晚上又坐在一张桌前听朗诵。同桌的有诗

与好友谈诗歌，北岛笑容灿烂。（秋影　摄）

人余秀华和廖伟棠，登台朗诵的诗人多为中国诗人，还有几位诗人来自亚美尼亚、西班牙、韩国和印度。朗诵会快结束时，一个口耳相传的消息让大家兴奋起来：9 点左右，北岛将亲临现场！

9 点 30 分，北岛穿着米白色外套，像一位骑士飘然而至。在台上，回忆起与舒婷 1976 年的通信，北岛说，这一刻想起了很多往事，也想起了很多重要的诗人。40 年弹指一挥间，一转眼大半生都过去了。北岛文章犀利，为人却随和。下台来，大家围了上去，要合影，要签名，他有求必应，与熟悉的诗人打招呼，寒暄，始终面带微笑。我注意到，咖啡馆隔壁的一幢老房子，客厅的灯还亮着：“是谁传下这诗人的行业？黄昏里挂起一盏灯。”知情的人告诉我，那是舒婷的家。两位诗人近在咫尺，双手相握却花了40年。他们见面的第一句话会说什么？喝的是茶还是咖啡？

24日下午两点，诗歌节系列活动“中外诗人对话：诗的断裂与传承”主题对话沙龙在鼓浪屿外图书店举行。主办方控制了参加人数，初定60人，担心旧楼板承载不了粉丝的热情。我提着前一天从外图书城莲坂店购买的十几本北岛新书赶到会场，如愿要到诗人的亲笔签名。有的粉丝忘了带书，拿出随身带的纸质笔记本请北岛签，北岛一点儿也不介意，照签不误。一位研究生模样的女粉丝拿到签名，右手轻掩口鼻，眼睛有点儿红，她在强忍激动的泪水。巧遇诗人余秀华，我取出事先买来的五本她的诗集《月光落在左手上》，请她为五位不同的读者签名，后来才知道她写字不易，一般以盖章代签名。但这个下午她为诗的氛围所感染，痛快地答应：“我签！”看她歪着头，右手执笔，左手按住右手，一笔一划用力敲打在书上，我既钦佩又不安：“这是拿命在写字啊。下不为例下不为例。”

24日晚，“诗与歌的和鸣跨界音乐会”在鼓浪屿菽庄花园举行，周云蓬、蒋山、钟立风分别弹唱根据诗改编的歌《九月》（海子）、《面朝大海 春暖花开》（海子）和《情妇》（郑愁予），郑愁予朗诵了三首自己写的诗：《与相思木漫步鼓浪屿》、《大嶝岛的童谣》和《偈》，北岛朗诵了长诗《歧路行》的开端《序曲》：

何时乘东风而来

从沏好的新茶

品味春天的忧伤

何时一声口哨

为午夜开锁

满天星星在咳嗽

何时放飞一只鸽子
把最大的广场
缩小成无字印章
何时从关闭的宫门
从岁月裂缝
涌进洪水的光芒

据说，这是北岛归国首次朗诵《序曲》，长诗还没写完。朗诵前，北岛说，诗离我们又远又近，就像顾城的一首诗写的那样。

音乐会结束后，受一位女诗人之托，通过她的一位金门诗友，找到郑愁予住的房间，请他在《郑愁予的诗》上签名。灯光下，年过八旬的诗人一丝不苟地写着我们的名字和他的名字。后来听这位热心的金门诗友讲，朗诵前，老诗人血压骤升，极其难受，几乎站不起来。服药后血压降了下来，他坚持上台朗诵，为的是不让听众失望。我突然觉得深夜请诗人签名，真是一个“美丽的错误”，下不为例。

参加完“2016 凤凰 · 鼓浪屿诗歌节”的各项活动之后，诗人北岛没有选择马上离开，而是应邀来到厦门大摩纸的时代书店，参加一场特别为他而设的诗歌对谈。25 日下午 3 点，这场名为“诗歌之光照亮突然醒来的人”的主题沙龙如期举行。书店方面特意向隔壁的电影院租用了放映大厅作会场，尽管控制了报名人数，现场还是来了近六百名听众，有的读者特意从闽北赶来，有的读者则从广东赶来。

开场时，北岛说，四年前中风，语言能力减弱，思维会受到一些阻碍。你们可以听三位嘉宾多说点儿。本场沙龙由诗人草梅主持，诗人伤水和我作为嘉宾与北岛对谈。结果，厦门听众的热情和专注感染了他，他几乎有问必答。

有感于厦门人的热情好客和良好的诗歌氛围，北岛主动表示，第五届“香港国际诗歌之夜”的分会场决定明年放在厦门。全场掌声雷动。

对谈之后是签名售书，一人只限一本，北岛一笔一划签名，无比认真，没有一丝厌烦。有的读者意犹未尽，又拿出新买或事先带来的书求签名，北岛没有拒绝，他说：“带都带来了，我动动笔，不辛苦。”有读者要求与他合影，他也是来者不拒。

在书店赠送给北岛的留言本上，我情不自禁地写道：“写作到了最后，拼的还是人品。谢谢您！”

当晚，厦门大摩纸的时代书店请北岛吃饭，邀我和几位热心文友作陪。席设海沧大桥下的一家露天大排档，大桥和头顶不时掠过的飞机辉映成趣。上菜前，北岛抽空为大家带来的上百本新著旧作签名；上菜后，北岛吃得很开心，有意克制的酒量最后也失控了。别人走上前来敬酒，他必站起来举杯回谢。大家抢着和北岛说话，他听得很认真。离乡太久，他需要多方面接接地气。我喝了一瓶葡萄酒，边喝边大胆地提问，“假私济公”，权当采访。

一切交往都是初逢，一切往事都在梦中。

天下没有不散的筵席。十点多，书店的车来接北岛。大家往车子走去，文友何况突然内急，快步到百米外的卫生间“放水”。车子来了，海边风大，大家劝北岛上车先回。北岛说，不急，等等何况。我笑，何况回来不见北岛，会号啕大哭的。何况回来时听说此事，大为感动。大家不舍得分开。有人借着酒意勇敢提要求，北岛老师，我们能加您的微信吗？

北岛笑说，当然可以。来吧，我们互粉一下。

今年春节，我收到北岛老师发来的微信贺年卡，是他与一片湖水的合影，上面有手写的两行诗：

走吧

我们没有失去记忆

我们去寻找生命的湖

书店送给对谈嘉宾一人一套九卷本的《北岛集》，其中的《蓝房子》扉页上写着："南宋存念 北岛 2016.10.25"，如此亲切，如此温暖。诗人帕斯获诺贝尔文学奖，北岛写道，"他这一年所受的名气之累，是要折寿的。"我在文章的空白处用铅笔加了一句："没有人能随随便便成功，北岛这些年不容易。难得的是，他在成功之后仍拥有定力，仍保持谦和。"

接下来的一个月，我每天沉浸在《北岛集》里，喜悦而充实。读完九本书的那天，我在微信上情不自禁写道："一直在读你的书，感觉你还在岛上。打个车就能来到桥下，向头顶所有轰鸣而过的飞机干杯。眼前就是远方就是诗。北岛老师，期待明年厦门再会。"

## 对谈：我在故乡成为异乡人

25 日下午 3 点，"诗歌之光照亮突然醒来的人"的主题沙龙如期举行。关于诗歌，关于 20 世纪 80 年代，关于中西文化，在北岛轻柔舒缓的讲述中徐徐打开。对谈之后，当晚，北岛接受了我的独家专访。

### 谈诗歌：就像新起的诗人挑战我一样，我也要挑战自己

记者：对于一般的读者来说，他们更多记住的是您早期的诗歌，许

多人对部分代表作可以倒背如流，有些读者甚至还固执地拒绝阅读您的新作，那么，在失去广泛关注的情况下，您仍然坚持诗歌创作，动力在哪里？您认为有哪些突破？

北岛：是啊，我已经不喜欢《回答》了，可是到哪里，大家最想听的还是我朗诵有点儿口号性质的《回答》。欧阳江河写过一篇文章，在他看来，“北岛这个名字一方面与一个人的确切无疑的写作有关，另一方面，又与历史的真相想要阐明自身因而寻找一个象征物的要求有关。”我想起瑞典诗人特朗斯特罗默的诗句：“我受雇于一个伟大的记忆。”在我看来，“伟大的记忆”比历史“历史的真相”可靠得多。

20 世纪七八十年代，我和朦胧诗的其他代表诗人舒婷、顾城和江河等只是更早地较为准确地写出“伟大的记忆”，从而引发大家的共鸣。如果没有后来的漂泊，我的诗歌可能也就停留在大家熟悉的《回答》、《一切》和《结局或开始》。但我开始了新的生活，遇到新的情况，要求我用不同的形式来写诗，甚至写散文做翻译搞研究，正如你在下午对谈说的那样，一个作家也在不断成长。就像新起的“第三代”诗人挑战我一样，我也要挑战自己。作家有时会因感应外在事件而写作，有时更会因内心的孤独和其他感受而写作。其实，如果读者有耐心读完我的其他几本书，应该不会失望的。我近几年的诗，与传统有了更多呼应。我在海外朗诵的时候，有时会觉得李白杜甫李煜就站在我背后。我们要是有能耐，就应该加入并丰富这一传统，否则我们就是败家子。

### 谈诗歌节：明年将在厦门办“香港国际诗歌之夜”

记者：这几年，你在香港教诗歌，举办香港国际诗歌节，在智能化时代，尝试以诗歌教育与创作培育和召回人们的诗心，唤醒对世界的审美体验，不知效果如何？

北岛：2007 年夏天我搬到香港，在香港中文大学教书，考虑为诗歌做点儿事。2009 年，我倡导举办了香港国际诗歌之夜，请来十来位国际诗人，包括盖瑞·施奈德这样的重量级诗人，有八百多名观众参加。加上众多的媒体介入，有了一定的反响。我们为应邀诗人出版一本双语和三语的袖珍本诗选，让诗歌之夜过后，仍有持久的影响。这是两年一届的活动，还有一年两次的“国际诗人在香港”，每次请一位世界级诗人在香港住十天到两周，举办一系列活动，到访前出版一本双语对照诗选。这两个活动的重要意义是诗歌终于在香港这座高度都市化的城市里扎根落户了。

对了，“香港国际诗歌之夜”有一个分会场的活动，明年准备放在厦门，大家既可从视频上分享香港的精彩活动，也能够参加有厦门特色的活动，希望诗歌不仅在城市扎根，也能在人们的心灵扎根。

**谈诗歌教育：推动出版写给孩子的“大师小书”**

记者：您选编的《给孩子的诗》2014 年 7 月出版后，反响出人意料地好，至今已经第 28 次印刷了。您为什么会想到为孩子选诗？

北岛：我的儿子兜兜上小学一年级时，从学校带回一首诗《假如我是粉笔》，这哪是诗啊？严重伤害孩子的想象空间。我下决心为他选一本真正的好诗，三年后编成《给孩子的诗》，作为送给兜兜和其他孩子的礼物。这本书挑选了外国诗 70 首加上汉语新诗 31 首，注重音乐性、可感性和经典性，其中选了今年获诺贝尔文学奖的鲍勃·迪伦的代表作《在风中飘》。我觉得，让孩子的天生的直觉和悟性，开启诗歌之门，越早越好。他们越早接触好的诗和美文，就会越早求真求善，养成一颗审美之心。

北岛接受《厦门日报》记者采访。（秋影　摄）

这套书目前已经出版《给孩子的散文》（李陀 北岛选编）、《给孩子的古诗词》（叶嘉莹选编）、《给孩子的动物寓言》（黄永玉著）和《给孩子的汉字王国》（林西莉著）等十种，这套“大师小书”我们希望出到30本，力争把优秀的中西文化推荐给孩子。

**谈散文：克服困难续写《城门开》**

记者：《青灯》《午夜之门》《蓝房子》等书让我们看到一个散文家北岛，而且不比诗人逊色，经过诗歌技艺的磨砺，您的散文注意多用比喻和反讽，语言富有张力，您是如何开始散文创作的？《城门开》无疑是您散文的集大成之作，字里行间弥漫着浓厚的怀旧气息，不知您有写续集的打算否？

北岛：20世纪90年代初，我到了美国，有一阵，我独自养家带女儿。有一天，我被加州大学戴维斯分校炒鱿鱼，系里的台湾老板认为我不会教中文。我当时没什么存款，房子每个月还要付按揭，一脚踩空了。幸好美国一家著名的媒体约我写“作家手记”，救我于水深火热之中，还逼出写散文的能力。后来我转向用英文教写作、出去朗诵，都和生存压力有关。诗歌只能点睛，而不能画龙，画龙非得靠散文的只鳞片爪勾勒连缀不可。我得感谢这些年的漂泊，使我远离中心，脱离浮躁，让生命真正沉潜下来。散文是中年心态的折射。就像一个下山的人，需要调节呼吸，放慢步伐，“采菊东篱下，悠然见南山。”怀旧自然难免，那是对气喘吁吁的爬山过程的回顾，对山的高度以及风险的再认识。写诗久了总被人家斜眼，后来写散文似乎才得到宽恕。我堂妹事先声明：“你的诗集就免了，等散文集出来再送我。”

写《城门开》是2009年，我60岁，写的是我生命的第一段，出生到 20 岁开始写诗。2001 年底我父亲病危，我回到北京，那是 13 年后第一次回北京，震动极大。北京完全变了，早年和老北京的联系中断了，我连自己的家门和读过的学校都找不到了，只能坐出租车或有人陪着。我在故乡成为异乡人。这倒也好，回乡之旅彻底治好了我的乡愁。我的灵感被点燃了，我试图用文字恢复一个已经消失的世界。下午有观众问我喜欢哪一段的自己。我回答每一段都喜欢。第二段是 20 岁到 40 岁在国内折腾——办《今天》，搞翻译，换工作，最后成为自由职业者；40 岁那年漂泊至今，这是第三段。每一段都有美好的风景与人。我也考虑过续写后两段，不过，到了退休的年龄加上中风，我反而比从前更愿意做事了，等着我去做的事情太多了。写后两段需要时间和心情，还有很多考证工作要做，我有点儿畏难情绪，希望有一天能够克服，争取写出满意的续篇。

采写：《厦门日报》记者 宋智明

时间：2016 年 10 月 25 日

第五篇

# 余华：不写永远没有，越写则越有

名片

余华，1960 年 4 月 3 日出生，浙江海盐人。曾经当过 5 年牙医，1983 年开始写作，主要作品有《活着》《许三观卖血记》《在细雨中呼喊》《兄弟》等，其作品被翻译成多种语言在国外出版，曾获国内外多种文学奖。现定居北京。

## 缘起

“余华要来厦门了！余华将在海峡两岸书市上推出新书《兄弟》！”这一消息在报社里不胫而走，对此最激动的人当然就是我了，因为我当了 12 年的余华迷！自从 1993 年我在闽北小镇拿口买到并读完余华的《在细雨中呼喊》这本唤醒我童年和少年记忆的力作之后，我就逢余华作品必购读，甚至模仿余华写起了小说。虽然未曾谋面，但在我的心里，我一直把余华当作自己文学上的老师。2002 年我在《厦门日报》编读书版，曾经在 2003 年和 2004 年各为余华做了一个专版，探讨他的生活和创作。报社的同行笑称南宋真是一个“余华迷”！

我曾经对同事说，这辈子中国我最想采访两个人，一个是北京大学教授、中国现代文学研究专家钱理群，我对他的作品也是每本必读，他的《心灵的探寻》更是成为给我力量和勇气的每年必读书！另外一个就是作家余华了，就像塞林格在《麦田里的守望者》里借主人公霍尔顿之口所说的那样，“真正有意思的是那样一种书，你读完后，很希望写这书的作家是你极要好的朋友，你只要高兴，随时都可以打电话给他。可惜这样的书不多。”而余华，从《在细雨中呼喊》到《活着》，再到《许三观卖血记》，甚至他的最新短篇集《我没有自己的名字》以及随笔集《没有一条道路是重复的》，都是那种“你读完之后特别想给作者打电话”的书！钱理群先生，我于 2004 年 12 月采访过他，那是非常美好的经历，有兴趣的读者可以上《厦门日报》网站查询相关的报道。而余华老师要来，我怎能错过这个千载难逢的好机会呢！

余华为《厦门日报》记者自带余华新作上签名。（王菲菲　摄）

说实在的，我已经过了追星的年龄，也写了两三本书，对作家不再那么敬畏。还有，在这个真情总是容易受到嘲笑的年代，过多地表露真情实感是不适宜的。犹豫再三，我向报社主动提出采访余华。我总忘不了加西亚·马尔克斯和海明威的故事，1957 年的一天，刚刚出过一本书的加西亚·马尔克斯在巴黎的一条街道上行走，突然感到眼前一亮，街对面那个高大的身影不正是他的文学偶像海明威吗？加西亚·马尔克斯紧张得浑身发抖，嗓子发紧，他觉得自己无论如何要表达一下自己对海明威的崇敬。终于，加西亚·马尔克斯喊了一声："你好，大师！"海明威听到了，他冲加西亚·马尔克斯点头微笑："再见，朋友！"许多年以后，加西亚·马尔克斯仍对这一短暂相遇念念不忘。他认为，表达对一位真正的作家的敬意一点儿也不必难为情。

7 月 20 日，我和《兄弟》一书的责编、上海文艺出版社的小刘取得联系，从她那里获得《兄弟》的打印稿，得以先睹为快；7 月 22 日下午两点我拨通了余华家的电话，对他进行了 1 个小时的采访；7 月 27 日，《厦门日报》读书版发表了这次访谈，当天下午，余华乘坐飞机抵达厦门。当天晚上，余华打来电话，他们兴之所致，夜游鼓浪屿，想去拜访诗人舒婷，问我要舒婷家的电话；7 月 29 日，余华新作《兄弟》的首发式在厦门国际会展中心举行，我前去采访，第一次见到了真真切切的余华；7 月 30 日，《厦门日报》刊发了一则关于首发式的报道，当天中午，我约余华吃饭，余华非常爽快地答应了。我们边吃边聊，度过了愉快的一个半小时。关于这次会面，我没有发表报道。

我没有想到，余华是那么随和的作家，没有一点儿名家的架子，对我的问题有问必答。我笑着说："这次出版社把你'剥削'得够厉害的，东奔西跑，不停地讲话，你可要多保重身体啊！"余华答："会的，上海书市开完，回北京后我就不管这些事了，我得坐下来写东西了！"

我谈到"名声之累"对作家的影响时，余华表示自己对此有清醒的认识："我不是一个一夜成名的作家，我的自制能力还是很强的，虽然近几年有了点儿名气，但我并没有变得轻飘、忘乎所以，我一直在写作的路上，只有写作才能带给我快乐！"我愿意把余华的"东奔西跑"看作是一种体验生活的方式，借此能写出更多血肉丰满的作品来。

据上海文艺出版社总编郑宗培介绍：在《兄弟》出版之前，出版社曾经把打印稿寄给部分信得过的媒体工作者阅读，大家普遍反映这部作品是近年来难得一见的力作。出版社对该书的市场前景充满信心，首印就是 20 万册，目前正在进行第二次印刷。另外，《兄弟》的台湾版权也已经卖出，美国的一家出版社则买了英文版权。

以下的访谈录是我根据与余华三次交谈的记录整理的。

**《兄弟》写出生命痛感**

记者 :《兄弟》共 40 万字，分上下两部，出版社打出的宣传口号是“余华十年磨一剑,《活着》以后看《兄弟》”。这本书你真写了 10 年吗?

余华 : 没有那么夸张。这些年我写了很多随笔，中间尝试写一个很大的长篇，写几个家庭一个世纪的事情，但写得不顺，一直没有写完。去年 4 月从美国回来之后没有了继续写的欲望。我打算恢复一下写小说的能力，写一个 10 万字左右的小长篇。在写《兄弟》的过程中，我突然感觉到我应该写什么了。你知道，一部作品的前面三分之一基本是作者在控制着，之后就是作品控制作者了。写《兄弟》非常顺利，写到四分之一的时候就是作品在控制我了，可以说我是被人物和故事推着走的。结果一写就是 40 万字，正在印刷的上半部有 18 万字，下半部有 22 万字，今年年底或明年年初有望出版。

记者 : 确实，在写作之路上，偶然性因素有时起着非常重要的作用。《兄弟》上半部的打印稿我看了，我感觉该书既有《在细雨中呼喊》的力量，又有《许三观卖血记》的悲悯，你是如何做到这一点的?

余华 : 过去，像“文革”这样的大事件在我的小说里是作为背景存在的，我是绕过去写的，而现在，我要正面写“文革”和写今天这个时代，可以说，我采用正面强攻的叙述，有点儿类似陀思妥耶夫斯基、狄更斯的那种强度叙述。上半部写“文革”，下半部写今天，众声喧哗，正面反映时代的真相，生命的痛感大为增强。《兄弟》里的故事发生在江南一个小镇，因为我对这片土地特别熟悉，书里的小镇上有拔牙的、磨剪刀的、打铁的，这些都是我曾经生活过的地方的场景。所以，喜欢

《在细雨中呼喊》的读者会读到一种久违的亲切感。

记者：在《兄弟》上半部中，我感觉你对家庭的温暖特别看重，比如宋钢和宋光头的兄弟之情，宋凡平和李兰的夫妻之情，我有点儿纳闷，在“文革”那种压抑混乱的背景下，哪里有这么多温情？

余华：《兄弟》写了一个重新组合的家庭在“文革”和今天的遭遇。我在《兄弟》里这样写道：“前一个是‘文革’中的故事，那是一个精神狂热、本能压抑和命运惨烈的时代，相当于欧洲的中世纪；后一个是现在的故事，那是一个伦理颠覆、浮躁纵欲和众生万象的时代，更甚于今天的欧洲……连接这两个时代的纽带就是这兄弟两人，他们的生活在裂变中裂变，他们的悲喜在爆发中爆发，他们的命运和这两个时代一样天翻地覆，最终他们必须恩怨交集地自食其果。”上半部写得很幽默，注重写在特定年代里家庭的温暖。在“文革”里，因为外部环境太恶劣了，很多人的家庭反而因此空前团结互相支撑。这是我的新认识，我记得童年时，有一位同学的父亲在凌晨跳井自杀，但是在前一天晚上，他却牵着儿子的手在街上快活地走着。经历过战争、疾病和历次运动，中国的人口总量仍居世界第一，我认为这是家庭在起着重要的作用。下半部写今天，我认为这是一个充满传奇的时代，我经常上网浏览社会新闻，今天的中国处处充满传奇，这是所有的人都在积极地寻找自己命运的时代，这是一个千载难逢的时代，我尝试写出这个时代的传奇性。

记者：《兄弟》上半部我看了两遍，一遍是打印稿，一遍是新书，看之前很担心，停了十年，怕你的手生了，特别是看到第一段，“俄罗斯联盟号飞船”都出来了，真是有些担心，但耐心读下去，越读越觉得好，简直有点儿爱不释手。特别是宋凡平之死、孙伟的父亲之死，还有李兰为宋凡平送葬经过，都写得非常有力量，真如斧削刀凿一般。小说的情节推进十分紧凑，让人目不暇接。我的好几位同事读完之后就问，南宋，你怎么只给我上半部，下半部在哪里？的确，小说要做到吸引人相当不易，作者本人对此一定也很有成就感。在这里，你能不能透露一下《兄弟》下半部的一些内容呢？

余华：上半部埋下很多伏笔，下半部里这些故事和人物都将派上用场。余拔牙、童铁匠、点心铺里的苏妈，他们在“文革”那个年代只能听天由命，但到了改革开放，他们开始发奋努力，各显神通，寻找属于自己的位置。被李光头偷看了屁股的林红，在下部里将得到浓墨重彩的表现，其中还有李光头追求林红的故事。李光头和宋钢兄弟，两人的关系将变得微妙起来，宋钢死得很惨，而且与宋光头有关。上部的开头其实已经暗示过了：“李光头想到装着宋钢的小小骨灰盒就会感慨万千，心想一棵小树烧出来的灰也比宋钢的骨灰多。”

**在名利面前作家应有自制力**

记者：毫不讳言，我是一位“余华迷”，自从1993年读完你的长篇小说《在细雨中呼喊》后，就深深地喜欢上你的作品，达到了逢余作必购读的程度。1995年，你写随笔，然后到各地讲学，出国，离写作越来越远，一直不见新的小说问世。当时我挺为你着急的，生怕这些名声之类的东西会毁了你。我记得著名历史学家张政烺曾对他的学生李零说：“我劝你们年轻人，趁还没有出名，赶紧读书，人一出名，就完蛋了。”对此你怎么看？

余华：的确，名气大了以后，对我构成一定干扰，但我还是比较清醒的，一些没有必要的文学活动和社交活动，我就坚决不参加；没有新作出来，我也很少接受媒体采访。我觉得一个作家应有自制的能力，要学会把握自己，你要明白你的位置所在。

我不是一个一夜成名的作家，不会为了一点儿成绩就忘乎所以。我写了20多年，我的作品就像我的孩子，通过我的劳动，我看着她一点儿一点儿地长大成人，我对她有信心。生活境遇的改善，我对苦难的关注不是减弱，而是增强了。举托尔斯泰为例吧，我认为他晚年的《复活》就比早期的《安娜·卡列尼娜》更有力量，一个定力强的作家，无论他是生活在天堂，还是生活在地狱，对苦难的关注都是一致的。

记者：一度在媒体上炒得沸沸扬扬的余华买别墅事件，大家习惯认为一个作家应该安贫乐道，不应该追求享受，真是这样吗？

余华：我现在的房子160平方米，在北京，这算不上别墅吧？我到了北京以后，换了好几处房子，从9平方米、16平方米、30平方米到现在的160平方米，我是2001年才入住现在的房子的。写《许三观卖血记》的时候，我是在卧室兼书房里写作，常常是在大床上搁一张小桌子写，老婆孩子睡在床的另一边！这个30平方米的房子，莫言他们都“参观”过。其实最苦的还是在鲁迅文学院读书的时候，那时我与莫言同宿舍，一间小屋，中间拉一道帘，甚至挂上台历，互不干扰嘛。结果，他写出了《酒国》，我写出了《在细雨中呼喊》。住过的小房子厨房和厕所都是共用的，跑来跑去很不方便。房子大一点儿，有书房，有写作室，老婆孩子有自己的空间，干扰少，不是坏事吧。关键是心态不能变，对写作的热爱不能变。

记者：说到外界的批评，你看重文学界的意见吗？

余华：不是很看重，我更在乎一般读者的想法。文学界毕竟只代表少数人的意见，比如：他们喜欢我早期的作品，而对《活着》不以为然，一般读者的意见与此相反。在卓越网、当当网上，《活着》一直卖得很好，关于《活着》的帖子非常多，有一家网站上跟帖多达40页，对此我非常感动。举莎士比亚为例，当时的评论界对他的评价并不高，但你看看现在莎士比亚作品的阅读率，简直跨越了不同的年代和不同的民族！我认为一部作品是否受欢迎，一是取决于作品本身是否优秀；二是取决于读者能否与它心心相印。

记者：不可否认，当年张艺谋拍了《活着》，才使余华成为家喻户晓的名字。不知还有哪位导演看中你的小说？

余华：张艺谋的改编对我意义重大，让这本书在国内国外被更多人所了解，起了很大的推广作用。不过，下一部作品不会交给张艺谋拍了。《许三观卖血记》本来姜文要改编，因为种种原因没拍成，现在将由韩国导演李在容来拍，这位拍过《丑闻》的导演擅长把国外的题材放在韩国背景下拍摄，《许三观卖血记》将会是一个发生在平壤的故事。我已经和这位韩国导演会了面，李在容坦陈自己拍中国文化不大有把握，但他觉得书中那种贫穷的状况韩国也经历过，估计等到明年下半年就将开始拍摄这部韩国版《许三观卖血记》了。

记者：在文学生涯里，你们曾经对发表不了作品感到恐惧吗？

余华：这是肯定的，不过早期和现在感受不同。我们作为“先锋文学”的代表作家被推出是1986—1988年，我们当年在实验的路上走得很远，只有有限的几家刊物如《收获》、《花城》、《作家》和《大家》肯发我们的作品。后来，就全面开花了，许多刊物都向我们约稿。记得1989年我和格非见面，格非说：“现在我们再也不怕退稿了！”当时对发表真的非常看重。现在，对我们来说，发表不成问题，能不能写出优秀的作品倒成了首要问题。

## 写随笔等于休息

记者：就我个人而言，除了你的小说外，我对你写的那些自传色彩

回答读者提问时，余华表示想写伟大的小说。（郑晓东　摄）

很浓的随笔非常喜欢，特别是写童年和少年的那几篇，如《医院里的童年》、《土地》和《麦田里》等。我觉得你有一种点铁成金的本事，把一些日常小事写得摇曳多姿。我认为这些随笔的价值不比小说低。你认为呢？

余华：写随笔对我来说等于休息。写小说需要精力高度集中，语言啊结构啊细节啊，要面面俱到，十分伤神，我经常是写了三四个小时以后就感到身心俱疲，有时候脸色发白，一句话也不想说。写随笔就放松多了，只要把最感人最有趣的地方写出来就可以了。举个例子，我这些年主要以长篇小说为主，在写《兄弟》的时候，一度出现心脏早搏，就是心跳过速，吓得赶紧停下来，休息了两天，给《上海文学》写了两篇随笔，心跳又恢复正常了。关于儿子的那几篇文章，读者也挺喜欢，那是我自发写的，写得津津有味。不过，写随笔太容易了，我希望现在精力旺盛的时候还是主攻长篇小说，它带给人的成就感十分巨大。

记者：我认为，你在海盐的生活经历对你的写作帮助非常大。在你的随笔里，在你的小说中，不时地可以看到你童年经历的投影。我记得你在一篇文章里写道："对于一个作家来说，如果一个人 14 岁之前的经历足够丰富的话，这一辈子的经验也就够用了。"童年经历真有这么神奇吗？

余华：绝对如此，在《兄弟》里，你再次看到了一些江南小城的场景，我在浙江海盐生活了将近 30 年，那里的一切长久地存在于我的记忆中，那些童年经历是我作品的出发点，并在我的写作中被无限夸大。我认为童年对一个作家的影响太大了，它给了我对世界最初的印象和启蒙，我所要做的只是在写作中进行轻微的修改。莫言说过，知青作家写不好农村和农民，因为他们根子里是城里人，他们写城市生活才会如鱼得水。虽然我现在定居在北京，但我一有机会就会回家乡看看，正如上海文艺出版社总编郏宗培所言，那里教室的一桌一椅，那里旧屋的一砖一瓦，都会让我流连忘返，感慨万分。当然，我生活的小镇现在已经变得面目全非，很多建筑都拆除了，美好的小镇现在只存在我的记忆中，我只能在写作中一遍遍地回到过去的小镇。

**想写伟大的小说**

记者：读了你写的一些读书随笔，我意外地发现我喜欢的外国作家有不少和你一模一样，比如：川端康成，我曾经起过把图书馆借来的《川端康成小说选》据为己有的念头，还有卡夫卡、海明威和马尔克斯，但我在"消化"名著方面做得很不够，你是如何做到博采众长的？

余华：不要满足于阅读，那是无止境的。一部作品好，激发了你的灵感，你就赶紧写啊！我的《世事如烟》，就是受了胡安·鲁尔福那部令人叹为观止的《佩德罗·巴拉莫》的启发。当然，一个作家接受其他作家的影响，就像是树木接受阳光的影响一样，重要的是，树木是以树木的方式在生长，而不是以阳光的方式在生长，所以，所有的影响都是健康的。在中短篇小说创作中，这种影响的痕迹难以消除，而到了长篇小说中，一个成熟的作家则完全以自己的方式在生长了。

记者：你在一篇文章中说，美国作家是以写五部小说的精力在写一部小说，而不少中国作家则是以写一部小说的精力来写五部小说，何出此言？

余华：这是对真正优秀作品的一种敬畏吧。十多年来，我一直被人称为先锋派作家，我对此不敢苟同但又无可奈何。流派作家一定是一群作家集体亮相，然后两三年就过去了，而我却在不断地成长着，我希望自己向优秀的作家看齐。我喜欢并佩服的作家很多，简直可以组成一支军队，加西亚·马尔克斯是我非常佩服的作家，他的《百年孤独》我读了两遍，在这样伟大的作品面前，我只有不断努力。美籍华裔作家哈金在一篇文章里写过，美国小说家都有一个心愿，就是希望在有生之年写出一部伟大的小说。我认为无论我们写得出写不出伟大的小说，心怀这样的梦想是必须的！写作是一件艰苦的事，但我认为有志于写作的人一定不要轻言放弃，不写永远没有，而越写则越有，期待灵感自然降临是不可靠的，写作就像一场拳击赛，你必须把灵感当作一个对手，只有不断击打（写作）直到打败它，灵感才会源源不断地出现。《兄弟》的写作就是证明，前面四分之一是我在写小说，后面的部分则是小说在写我了。

采写：《厦门日报》记者 宋智明

时间：2006 年 9 月 7 日

第六篇

# 林少华：鼓浪屿最吸引人，不希望罩在村上春树的光环下

名片

林少华（1952 年—），著名文学翻译家、学者。曾任教于暨南大学、日本长崎县立大学，现为中国海洋大学外国语学院教授。兼任中国日本文学研究会副会长、青岛市作家协会副主席等职。著有《村上春树和他的作品》《落花之美》《高墙与鸡蛋》等。译有《心》《罗生门》《雪国》《挪威的森林》《在世界中心呼喊爱》等日本名家之作七十余部，影响深远。

没有早一步，也没有晚一步，8 日晚 6 点，本报记者宋智明在赶路时，与著名翻译家、学者林少华先生在湖滨中路不期而遇。9 年前，宋智明和年月在厦大采访过林先生，所以在暮色里一眼认出他来！“睽违 9 年，一夕相遇”，林少华先生有感于这段美好的缘分，于 9 日下午在下榻酒店的大堂欣然接受了本报记者的独家专访，并无比愉快地与本地的十多名“林迷”交谈和签名。

毫无疑问，日本著名作家村上春树在中国大陆的巨大影响，很大程度上有赖于林少华先生精准流畅优美的译文，但林少华先生并不满足于此，他不仅翻译川端康成、芥川龙之介等名家的作品，还自己写散文、写评论，他说，作为一个中国的男子汉，我不希望自己一辈子罩在一个外国作家的光环下。

**谈厦门：最吸引人的地方就是鼓浪屿**

记者：这次出门旅行，您为什么会选择福建？

林少华：平时工作太忙，又经常出差，没有时间陪家人，心里有些抱歉，我决定拿出 10 天时间，纯粹陪家人。本来想去成都，后来比较了一下温度，还是福建这边高一点儿，就想找个桃红柳绿的地方。我来过 4 次厦门，太太和女儿没来过。我就跟她们说，厦门如何如何好，鼓浪屿如何如何妙。这回纯属在外面私人旅行，从福州到泉州再到厦门，第 10 天了，我和熟人都没打招呼，只有你“打断”了我的行程。不过，“打断”得好，成天陪她们逛商场，可累啦。

林少华与《厦门日报》记者畅谈文学与人生。（姚凡　摄）

记者：昨天回去看您的微博，看到您拍鼓浪屿的照片，我想 8 日晚遇到的那个人肯定没认错，就是林少华老师（笑）。您专门为鼓浪屿发了一条微博，它给您印象最深的是什么？

林少华：和 9 年前相比，干净了一些，安静了一些。其实，厦门最吸引人的地方就是鼓浪屿。没有汽车。还有历尽沧桑的老房子，我特别喜欢那些没人住的老房子，喜欢停下来琢磨，这窗户，得有多少年了。旧日的主人，又曾经何等风光过。何况还有那么多有名的文人住过，林文庆啊，林语堂啊，越琢磨越有味道。

记者：您刚刚说到那一点我有点儿感慨，您说您是学校里面唯一的无车族，我也不会开车。

林少华：世界上只有咱们两个最聪明。你想开车既污染环境又污染自己，那么小的空间，空气可想而知。

## 谈村上春树：他喜欢一个人躲在角落里

记者：可能您不愿意谈，但是我们还是得问问，关于村上春树，这9年来，你又新译了他的哪些作品呢？

林少华：新译的倒不都是他最新的作品，有《地下》、《地下（2）》、《随笔集》、《村上广播》和《没有意义就没有摇摆》，还有一本就是村上最新的作品，《没有女人的男人们》，3月份出版。

记者：您在翻译的过程中和村上春树有没有什么交往？

林少华：见面见过两次，第一次在2003年左右，这9年里见过第二次。第二次是在去东京大学开会，顺便。其实第一次也是顺便。在东大搞合作研究的时候，有一年时间在那儿东游西逛的，然后见到了。

记者：他给人的感觉是什么样的？

林少华：他的脾气吧，我觉得跟我是“臭味相投”“一丘之貉”。比如说我吧，我到哪儿演讲一般都不跟自己的同学打招呼，为什么呢，一是怕给人添麻烦，二是见了面也觉得没有什么太多话可说的。与其应酬，说一些可有可无的话，还不如自己一个人，夕阳西下，对着鼓浪屿发发呆。村上春树也是这样的，也不喜欢主动和别人套近乎，打交道，喜欢一个人躲在角落里没有人搭理，这个状态最好。

记者：就是沉溺于自己的内心世界。

林少华：对一般人来说，比如小宋，你翻译了我四十几本书，你从中国跑来特意来看我，你要找个好地方啊，吃着生鱼片，喝着清酒，晚间好好聊个一醉方休。但两次见面其实都是在他的事务所，在那里

林少华为“林迷”签名。（姚凡　摄）

聊了一个小时。他不会主动问什么，主要是我问，他回答。当然，你问什么，他也会回答什么，说得很有条理。他的办公室很简陋，就是一张餐桌，几把椅子，没有沙发。在餐桌面对面坐下，靠着背椅，给一杯茶。一开始我觉得不大理解，后来想着村上就是这样一个人。也没留我吃饭，客气话好像也没说吧（大笑）。所以我刚才说了，如果换个位置换个角色，我们中国人绝对不会这样子。中国人哪怕我再懒得和别人应酬，人大老远地跑来了，还翻译了我三四十本书，那一定要找个好地方吃上一顿。

记者：那您在翻译的过程中有没有遇到一些难的词要向他请教?

林少华：只是第一次见面的时候问了几个词，后来他倒说了，这方面他倒是很客气，翻译当中遇到不容易理解的地方，“尽管问我”。平时偶尔有邮件来往，比如咱们中国媒体希望他接受采访，他会拒绝。后来再有媒体委托，我就说，你们不要啦，以我对他的了解，他轻易不会答应的。

**谈诺贝尔奖：村上春树得奖是迟早的事**

记者：这几年很多人为他抱不平，获诺贝尔文学奖的呼声很高，但总是一次次错过。是不是畅销的因素阻碍了他一时获不了奖?

林少华：应该是一个因素，目前已经颁布的 100 多个获奖作家，研究者都不一定能说全他们的名字。像村上春树这样全球飘红的，这 100 多位里面，好像还没有。获奖作家大部分像莫言，作品不畅销，但有一定知名度。

作品太过畅销，会被那些老头子评委认为文学性很差，根据一般规律，太畅销的东西一般不会有特别高的文学性和艺术性。

几个月前，我专门去广州做了一个演讲，听众当中也有人问到这个问题，我觉得其实不止这些因素，比如和莫言相比，日本学者也认为，莫言介入中国社会现实的力度要比村上大，以莫言的《蛙》为代表的作品，日本学者认为深入反思了计划生育政策。村上在《1Q84》虽然不是说没有介入，但是不成功，在《1Q84》之后彻底转向了，回归对往事的回忆，就是我们说的小资情调，回归对个人心灵的关注。

记者：您觉得他的内心是否有些焦虑?

林少华：我觉得村上还是有一些局限的，他读书很多，甚至读古希腊经典著作，他的知识结构是西方的，对西方经典如数家珍，从语言学到文学，种种经典自不必说，但对体制、对政治的研究显然不是他的强项。他一直想写一部类似《卡拉马佐夫兄弟》的复调小说，用日语讲就是综合小说，《1Q84》他也野心勃勃地想完成自己的心愿，但和《卡拉马佐夫兄弟》相比，还是比不上，甚至不如自己的《奇鸟行状录》。

记者：村上会不会给您这样一个期待，突然写出一个具备诺奖水平的作品?

林少华：据我个人的直觉，他得奖是迟早的事情。只是还不到火候，日本学者分析，《1Q84》是诺奖的叩门之作，你不是说我社会介入不够吗?我要写一部复调小说，可惜，不了了之。他意识到自己的问题之后，就彻底转型了，比如现在要推出的散文集，已经彻底回归像《挪威的森林》那样对往事的回忆。

记者：干脆就用他的优势，说不定在某个时刻又能够打动那些评委的心。软到极致，柔到极致。

林少华：村上 1949 年出生，现在 66 岁，一直写到七八十岁的作家不是没有，但终究是少数。翻译他的短篇集，还是觉得一个作家必然有其局限性，无论主题方面的思考深度还是文体方面的创新，都有局限。永远兴致勃勃，永远南征北战，永远开疆辟土的作家可能是不存在的。

记者：那村上迷就继续等待吧，有一天评委们年轻化了，审美口味有所改变。

## 谈写作：我不喜欢被称为“御用翻译家”

记者：有人有疑问，您是刻意只翻译村上吗？

林少华：不是啊，我不大喜欢被人称为御用翻译家，但很多时候偏偏被如此称呼。我还翻译了川端康成、三岛由纪夫、东山魁夷和芥川龙之介等名家的作品，起因也是别人认为我翻译什么都是村上味儿，其实我翻译川端康成绝不是村上味儿。华东师大有一位博士生，专门研究所谓林译艺术，写了博士论文，据他统计，我已经翻译 70 多本书了。村上 41 部，加上别的 30 多本别的作品。1949 年之前的不敢说，1949 年之后从数量上来说，很少有人翻译这么多，毕竟我不是专职翻译家。

记者：其实，您自己的散文写得很生动，数量也不少。

林少华：作为一个中国大男人，老是被罩在一个外国人的光环之下，有点儿不爽。所以我也尝试着写一点儿东西，9 年时间出了三本散文集，第四本准备要出，就是尝试着走出这个阴影。我不是离开翻译就玩不转了，是不是？

## 谈微博：以微小的力量与天下博弈

记者：您写微博很积极，更新很快，回复多，很多想法很有意思。

林少华：对，我最近要出的一本书就是由我的部分微博文章结集而成，就叫《微搏天下》，以微小的力量与天下博弈。

记者：您为什么喜欢玩微博，都有哪些收获？

林少华：一开始是被动的，都是网站邀请我开的。后来玩得上瘾，一是兴趣，二是责任感。现在知识分子越来越内向，多是为了稻粱谋，拿课题，申请项目，写论文提职称。知识分子还是应该有点儿担当意识，无论是传统士大夫，还是现代意义上的知识分子，都有义务为社会做点儿什么。别的我也做不了，写博客写微博通过自己的文字影响一部分人，也算是为社会尽一点义务，坚持写了四五年了。

我的微博很大一部分提倡读书，知识分子不应该跟风，太媚俗了我不赞同。作为知识分子，应该是社会缺少什么，偏要呼吁什么，这才是一种道义，一种责任。大多数人不看书，我偏要呼吁看书。

记者：微博上您还保持一些平民性，您会经常回一些评论，回得还挺认真，这是出于什么考虑？

林少华：只要有时间我还是会回的，我觉得远方素不相识的人向你表示好感，这是一件非常奢侈的事情。身边的人现在都很少表示好感，一个素不相识的人却对你表示敬意。我觉得敬重别人的感情应该是做人的基本原则。在生活中，只要有时间，哪怕别人写一张明信片给我，我也会尽可能回。

记者：年轻人会给您写信吗？都说什么？

林少华：每个星期一两封，说感情和学习上的困惑。很多年轻人很孤独，很难与家人、老师沟通。

记者：您都建议怎么做呢？读一下《挪威的森林》？

林少华：读一切能找到的好书。

## 书作良媒 让他邂逅爱情

“林老师，您知道吗？您的书还让我拥有了一段爱情。”9日下午，闻讯赶来的厦门书友云良动情地在林少华面前回忆起一段因书结缘的美好往事。

原来，1989年云良在福州念书，买了一本林少华翻译的《挪威的森林》，随后，一个和他关系不错的女生把书借去了，没想到借着借着，书却没了。“当时我觉得这女孩子不行，不珍惜书。”云良笑说。不过，这次的错过，却为下一段爱情悄悄埋下伏笔。

1994年，云良来到山东济南工作，一有空，他就去逛济南的小书店，正是在书店里，他偶遇了一个女生，当时她正在山东师大读书，而手里拿着的正是云良熟悉的那本《挪威的森林》。“一看书的封面那么眼熟，就与她聊上天，两人以此为话题相识，然后就恋爱了。”云良说，现在那个女孩，已经成为了他的妻子。

“这个故事太美了。”林少华从头到尾听得津津有味，“一本书成全的一段佳话。”

## 书友闻讯　纷纷抱书来签售

在许多人的青春记忆中，一定都有一本《挪威的森林》。这本书的清冷

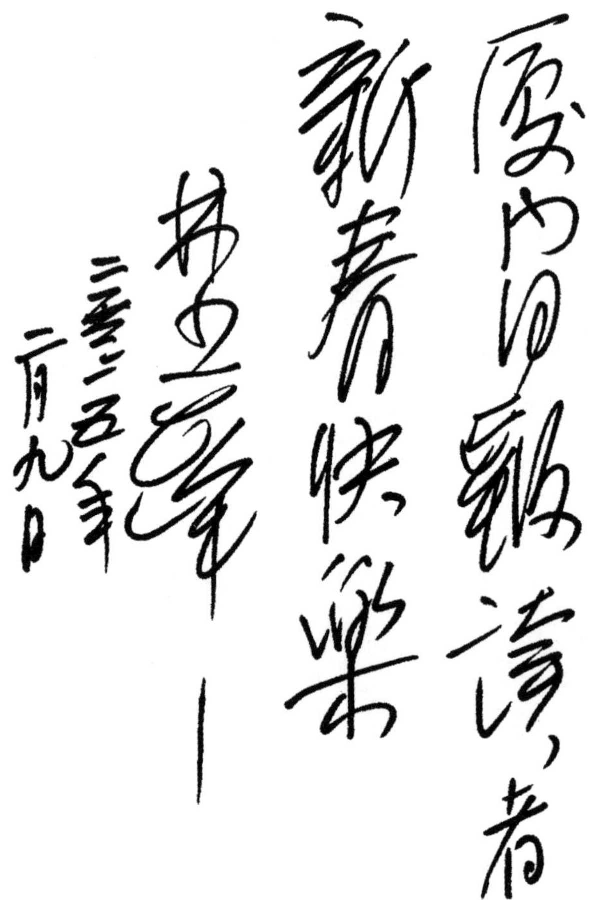


林少华为《厦门日报》读者题词

孤独的“气质”，让背后译者林少华也显得神秘起来。不过，一见到林少华本尊，原本担心的隔阂感却荡然全无。在两个小时的采访中，他温润的微笑始终挂在脸上。比起采访，更像是朋友之间的闲聊，没有任何生疏。

由于采访场地因陋就简，许多准备都显得匆忙，茶水都是跑到酒店外去买来的。“没事，我就是农民出身。”对于任何不方便，林少华都无所谓地摆摆手。聊到兴起时，林少华不时地爆发出一阵大笑，拍拍记者的肩膀。在为《厦门日报》题字时，他像孩子似的不住挠脑袋，“该写啥好呢？”

这回林少华来厦门的消息，一被书友知道，大伙儿赶忙都抱着珍藏已久的书籍过来。于是采访一结束，现场就摇身一变成为小型签售会，见着人手动辄十来本书的阵势，林少华也没皱眉头，“不麻烦，大家喜欢我，我高兴还来不及呢。”将近两百本书，在每一本书上他都认真写下祝福的话、对方姓名，自己的名字和时间，没有一点儿含糊。这个下午也被他称为“最有意义的一天”，“下次一定再来！”他给宋智明发去短信：“愉快的重逢，也是我十日福建之行最有意义的两个小时。值得感激和感谢！”

## 温暖的邂逅

《厦门日报》记者　宋智明

化用张爱玲《爱》里的经典桥段，那天黄昏，我与林少华老师的街头偶遇可以这样写：“没有早一步，也没有晚一步，刚巧赶上了，那也没有别的话可说，惟有轻轻地问一声：‘噢，你也在这里吗？’”

8 日 17：15，我和妻子下楼，准备去我岳父岳母家吃晚饭。往禾祥西和故宫路交界处走了三四十米，我站住了：刚才用电水壶烧水后，插头拔了没有？我说，我上楼看看。这就花去四五分钟。再次相聚后，妻子说，我要去禾祥西古龙商城里的一家布艺店取一块窗帘，你到嘉美花园对面的元初超市给女儿买两盒牛奶，直接从厦禾路坐公交车去文灶的汇丰家园吧，兵分两路，省得麻烦。我笑，平时上夜班，难得陪你走路，一起吧。于是，我们到元初超市买了牛奶，然后在嘉美花园站等公交车。这又花去七八分钟。到了古龙商城附近，我们下车。妻子到布艺店取窗帘，我在外面刷微信。过了五分钟，妻子打来电话，你在哪里啊？我说，在店门口啊。她说，我以为你跟在我后面，快点儿往前走，我在湖滨中路路口等你。

赶到后，我们沿着湖滨中路往前走，到了小眼镜餐厅左边的路口时，我看到对面走来一个高大的男子，正和边上的一位女子说着什么。他转头时我看到他那熟悉的笑脸了，林少华老师？真的是以翻译村上春树的《挪威的森林》等多部小说闻名遐迩的翻译家、学者林少华老师吗？ 9 年前，他来厦大演讲，我和同事年月采访过他，他语言风趣、待人和蔼，给我们留下深刻印象。此时已是 18：00，暮色有点儿深了，但我凭直觉觉得对面的男子正是林少华老师。机不可失，我赶紧喊了一声："林老师，您好！"那名男子站住了，惊讶地望着我。

我说："您是林少华老师吧？我是厦门日报的记者小宋，几年前，我和同事采访过您，还刊发了报道，题目是：《林少华：我和村上春树互相成全》（注：2006 年 12 月 16 日），我们还是吉林大学校友，您还记得吗？"他想了一下，爽朗地笑了："厦门日报，小宋，记得记得，你们的摄影记者把我拍得很漂亮，我多次用到他当年拍的几张照片。"我们就在街边站着聊了三四分钟，谈话中我获悉，这次林老师没有参加学术活动，纯粹是陪家人出来私人旅行的，还要在厦门待两三天。他介绍身边的女士说："这是我的太太，我们正要到前面的餐厅吃饭。"我说："那我不打搅你们了，对了，我们互留电话吧？这几天你们要是有需要帮忙的地方，随时联系我。"林老师连声说："谢谢谢谢，你记一下我的手机号码。"

挥手告别后，我突然有点儿后悔：刚才为什么不要求和他合个影，光线是暗了点儿，可是聊胜于无啊，这一别，再见不知是何年。

晚饭过后，采访林少华老师的念头越来越强烈。采访其实是自加压力，要约人，要联系场地，还要紧张赶稿。可是，这是多么美丽的邂逅啊。一个读者那么喜欢的优秀翻译家，一个我自己那么欣赏的校友，9年过去了，关于文学与人生，他一定有很多新鲜的见解。想到读者对《厦门日报》的厚爱，我想，这样温暖的人物专访应该是会受到读者欢迎的。

18：23，我忍不住在朋友圈发了一条微信，既征求朋友的意见，也是一种抽样调查吧。那条微信的最后几句是："此刻，我激动地想，要不要采访他？要不要啊？手头事情多，有人愿意帮忙吗？"结果，一个晚上点赞评论近四十条，厦门日报社总编辑江曙曜在评论里出主意："可以写一篇，他来厦门旅游，被记者遇个正着在街头采访。"这坚定了我采访林老师的决心。

## 如沐春风

《厦门日报》记者 宋智明

8日晚上，忙完手头的几件杂事，已经是23：00，我想，还是做点儿案头工作吧，明天不打无准备的仗。我用百度搜索了林少华老师的近况，新作不断啊，还发现，他特别爱写微博，关心时事，关心教育，当然，也关心文学，写得很勤，回得很频，读者对他很有好感，他的粉丝达到300多万！而在7日的一条置顶微博中，他贴了三张鼓浪屿的照片，还配发了一段文字："厦门。鼓浪屿。凌霄花，三角梅，小巷，石板路，破败仍不失傲气的洋楼。林文庆、林语堂、林巧稚……但最让我欣慰的是没有汽车，没有汽车的世界是多么美妙啊！忽然间，960万平方公里趴满了形形色色的蝗虫甲壳虫七星瓢虫。不瞒你说，除了我，敝校所有人都有车——都必须有车不成？又一个谜。"林老师对鼓浪屿印象很好啊。我兴致勃勃地浏览了近五十条他最近的微博，从里面找到不少采访的题目。我还情不自禁地转发了他的两条微博，其中一条加评论说："晚上六点，在湖滨中路巧遇林先生，简直不敢相信自己的眼睛！9年前，我和同事采访过林先生，留下深刻而美好的印象。即便是在暮色中，我也能一眼把林先生认出来。希望林先生在厦门玩得愉快，若有空，可否与本地的文友小范围聚聚？"另一条评论说："厦门的新旧书店我都熟悉，需要我当导游吗？"我期待能够引起他的关注，为第二天发出采访邀请做铺垫。

9日上午7:40，起床后我打开电脑，查看微博，结果，热情的林少华老师给我回复了。一条写道："相隔九载，一夕巧遇，缘分，感动！嘈杂的街头，一眼就能认出，多好的记忆力！"另一条则写道："明天返回，就不麻烦您了。黄昏街头，巧遇阔别九载的厦门日报记者和吉大校友，更是不虚此行啊！期待下次重逢青岛！"我一看有点儿失望，这是婉拒啊。

但他的最新置顶微博又让我看到一线希望："时隔九年在闹市街头幸遇只接受过一次采访的记者，这是怎样的概率！概率之低仅次于一年前——一年前在岭南一座城市嘈杂的十字路口邂逅35年前交往的一位漂亮姑娘。而且，头天晚上刚写了一篇旧地重游不胜感慨的文章。文章引用一首古诗：春江一曲柳千条，二十年前旧板桥。曾与美人桥上别，恨无消息到今朝。”这是一位重情重义的汉子，采访有戏！

我赶紧用手机发短信给他："看到您微博的评论了，和昨天的巧遇一样激动。九年过去了，我和读者很想了解您的近况，我有一个不情之请，今天在不影响您的行程的情况下，可否接受我的采访？一个小时就够，谈谈您的翻译、随笔写作、微博写作、鼓浪屿、旅行，哦，还有吉大……这有点儿冒昧，可是，下回再见，说不定又是一个九年。"

林老师回信："今天下午3：30可以吗？我住在金悦酒店。"

我激动地回："感谢，太美的缘分了。我下午到酒店拜访您。其实，我身边有好多您的粉丝，有好多书想让您签名。"

林老师再回："好，下午见！签名可以的，那是我的荣幸！"

我太开心了，赶紧回："百度了一下，酒店就在我们昨天相遇的地点附近，下午，我带几位资深粉丝来。"

我赶紧向江总汇报，并请他派一位文字记者和一位摄影记者配合我采访。很快，江总同意了，何无痕和姚凡先后打电话向我咨询采访时间和地点。

吃了一个面包，喝了一杯茶，我赶紧打车直奔外图书城，买了二十多本林少华老师的译著，绝大部分是关于村上春树的，只有一本是翻译川端康成的《伊豆舞女》。回到家，我仔细搜寻，又找到四本林译，最难得的是，我找到一本林少华老师自己写的散文集《落花之美》，扉页还有他的题字："南宋君存正 林少华2006.2.15"。

机会难得，我又在微信上问朋友，有谁愿意请林少华先生签名的？结果，来了七位文友，还有三位文友要上班，托朋友带书。结果，当天下午，来的人每个人都提着一袋满满的林著林译！然后，平和、风趣的林少华出现在金悦酒店大堂，在采访时，如亲人般平易，对我们的问题有问必答，对我们的签名要求有求必应。他的没有架子一再令我们不安。我们一再劝他休息一下，他笑着说："我是农民出身的，拿笔写写字和拿锄头挖地，有什么辛苦的？"

他喜欢在签名前写上一句与阅读有关的词，这些词如今读来是如此温暖："夜雨书灯""书海夜航""纵舟书海""以书会友"……在电子时代，他仍然执着地劝大家："读书最好。"

**新浪微博 @ 林少华 微博谈书**

1. 出租车。司机说他儿子作文不好，问其故。我忽悠多看书，看好书看血统高贵的书。他说书贵。我说打麻将贵不贵吃饭店贵不贵抽烟喝酒贵不贵，怎么买书就贵了呢？写一本书和买一本书，哪个更辛苦？应该认为自己捡了大便宜才是。买书永远是世界上最值得的支出！司机恍然大悟，连车费都不想要了

2. 手机话题让我想起去南方一所大学演讲时一位德语老师的话。他说去年十月坐火车在欧洲大陆旅游时，满车厢老外都在看书看报看窗外，几乎只有自己上初中的女儿看手机。"窗外的风景多好啊，可女儿偏偏看手机……西方人咬苹果一口，可苹果一口接一口咬我们的孩子！人家只用一个小小的苹果就把咱打败了啊！"

采写：《厦门日报》记者 宋智明 何无痕 实习生 李迪

时间：2015 年 2 月 9 日

相关

# 林少华：我和村上春树互相成全

林少华来到厦门了，这位在村上春树身后站了17年的著名翻译家终于走到厦门读者中间，2006年12月15日晚，他登上了厦门大学南强学术讲座，应邀为厦大师生作《村上春树在中国》的演讲。

讲座开始之前，本报记者对林少华进行了独家专访。

## 村上春树很有钱，但生活很节俭

记者：正如王道乾遇上杜拉斯一样，你与村上春树的相遇，迸发出了优秀译者与优秀作者灵魂碰撞的夺目之光。你们的契合之处在哪儿呢？

林少华：与村上的相遇，是机缘巧合，也是我的幸运。我们的契合之处主要有三点：一是行文风格，我们偏重于抒情，追求语言的简洁与明快，还有文人式的幽默感；二是对事物的感受方式我们比较接近，尽管我们的成长背景很不同，当村上在听爵士乐时，我是农民，正在田间劳作，但是我们对事物的感受，比如对细小的东西、味觉、鸟鸣，是非常相近的。三是我们都生活低调，性格上都倾向于孤独，不大喜欢与人交往，宁愿躲在一边不声不响地鼓捣自己的事。茫茫人海，浩浩宇宙，只能感谢上天的安排。可以说，村上春树成全了我，我也成全了村上春树。

记者：可听说您曾经对村上的作品不屑一顾，为什么？你们是怎么走到一起的?

林少华：是的。1988年，我到日本进修，那时《挪威的森林》正出版，在日本热销，我从小就喜欢古典主义作品，研究生时研究的也是中日古典诗歌比较，所以，那时，在我的感觉里，村上的作品属于通俗文学，我确实有点儿不屑。1989年，我回国后正赶上漓江出版社要出《挪威的森林》，有一位老翻译家向出版社推荐了我，我读了这部作品，立刻被它的唯美情调所吸引，想不妨一试，当时，我正面临生计问题，也想借翻译赚些钱花。没想到，译本出版后，读者很欢迎。后来，上海译文出版社接盘后，所有的村上作品都找我翻译了。翻译不同于刷锅洗碗，是我比较喜欢的劳动，而像村上这样适合我自己脾性和笔调的更让我喜欢，翻译他的作品，我确确实实感受到一种由衷的快乐，让我深信真正的快乐或幸福是钱买不到的。

记者：译本的好坏与译者的译功密切相关，村上的作品，虽然写的是现代都市生活，但读者总能感受到一种中国古典文学的韵味，这与您的古典文学修养关系密切吗?这种带有个人化的译法您不怕太影响原文吗?

林少华：日文有个缺点，表达啰里啰嗦，但汉语的优点却是装饰性很强，所以，在翻译中，我会适当吸取古汉语中有生命力的词汇和行文范式，以促进语言的工丽、简约和洗练。至于会不会影响原文，我想，没有个人烙印的“纯净水翻译”是没有的，问题就在于分寸的把握，即如何在打有个人烙印的同时尽可能传达原作的风格和韵致。文学翻译这东西，大体说来，三分外语，六分汉语，一分天赋。译笔如水，以其变者而观之，则水质一也；以其不变者而观之，则因地形而异；或飞流直下，或九曲八弯，或平湖万顷，或清渠潺潺。

记者：您虽然花了十几年时间翻译村上的所有小说，但是，您跟村上见面是2003年1月，这第一次握手想必至今还留给您深刻印象吧，当时的感觉如何呢？

林少华：实际上，他让我感觉有些意外。他并不年轻，但因为每天跑步的关系，他的身体确实好，肌肉一块块隆起，手掌甚是粗硕——作品那么“小资”，但他本人形象一点儿也不“小资”。他很有钱，但生活很节俭。

## 没有童话的生活不是真正的生活

记者：读您的《乡关何处》等散文，我被您的故乡情深深打动，当您获知大弟把没住的老屋卖掉时，痛苦之情流露在字里行间：“老屋的失去，使我失去了故乡，因而失去了根据，失去了身份。”故乡，对您的人生、写作、翻译影响很大吗？

林少华：是的，影响很大！1952年秋天，我出生于东北平原。我是在半山区里长大的，我们那个村庄只有五户人家，大自然成了我的第一个老师。对大自然的阅读构成了我人生的原生风景：小山沟那杏花、李花、海棠花簇拥下的茅屋，松树、柞树间蜿蜒伸展的荒草径，平原上树影依稀的远方村落，还有老屋那如豆的灯光，那是母亲在煤油灯下等我归来……以后，不管我走多远，无论是歌舞升平的广州闹市，还是樱花盛开的东瀛古都，我心中的圣地还是我童年的小山沟。

因为父亲是个喜欢看书的公社干部，他有个不大的信箱，那是我童年掏不够翻不完的聚宝箱，在那小山沟里，我读了《三国演义》《牛虻》《林海雪原》等作品。

我刚读完初一就辍学了，因为“文革”开始了。在那除了“红宝书”几乎无书可读的日子里，我也没有放弃读书，雨天不能出工，我就躺在炕上背《汉语成语小辞典》，我还记得有本《千家诗》，那是我向同学借的，一读就爱不释手，只好骗同学说书弄丢了，其实至今还在我的

谈到与村上春树的交往，林少华深感妙不可言。（姚凡　摄）

书架上。正是在故乡，文学开始在潜意识里向我呼唤。

还有，我对故乡的农民有着很深的感情，因为我上大学就是农民推荐的，我成了吉林大学的工农兵大学生，也由此改变了我命运，所以，我对农民充满深情和感激。

记者：大学生活对您以后成为翻译家又有哪些影响呢？

林少华：大学里，我特别感激校图书馆外文借阅部那位老人。那时，我们能读到的日文作品就是小林多喜二等日本无产阶级作家的，而老人却破例让我进入书库去看书，就在那荒唐、狂躁的喧嚣声中，我得以徜徉在异国文学天地里，比如夏目漱石的作品就是在那时接触到的，几年后我重返母校攻读研究生课程时，去图书馆找这位可敬的老人，遗憾的是，他已不知去向。研究生三年，我步步走进日本古典文学世界，我缥缈的文学之梦终于找到合适的载体——翻译。

## 读者来信让我快乐而感动

记者：您在译著后面往往会留通信地址，这在翻译家中是极少见的，您的做法是出于何种考虑？读者的信，您回吗？

林少华：10年前，我在翻译《挪威的森林》时有过一闪之念：在译著后记中留下自己的地址，正是这一闪之念让我收获了许多快乐和帮助。先说“帮助”，西方流行音乐是我的盲点，而村上作品却经常出现这类绝非只是点缀的音乐术语，对于这些专业名称，我每次都译得苦不堪言。在许多读者来信中，至少有30位读者来信帮我修正了这方面的译误，使我得以在译作再版时修正过来。这些经历让我认识到，一部作品要想翻译得好些，在很多情况下要有大家的参与才行。我更实实在在地感到，敷衍读者万万使不得，他们中真的藏龙卧虎！除此之外，我还从中了解到读者的阅读的感想和见解，了解作品的反响，这对我更好地写文章和翻译作品提供了可贵的帮助。再来说“快乐”，现代人很少写信了，我常年也见不到一封兄弟姐妹的来信，而我却从素不相识的人那儿得到一封封热情洋溢的信，我不仅快乐，而且十分感动。

每位来信读者的第一封信，我一定回！我每个月都会收到二三十封信，我每周都要抽出一个下午来回信，如果我不回，就会很内疚，觉得亏欠太多。

记者：您开博客吗？怎么看知识分子开博客？

林少华：开啊！出于以下考虑：知识分子应承担公共责任，不仅要“深挖井”，还要“广开渠”，在学术与大众之间，知识分子应起到桥梁作用，可是，现在的知识分子，存在集体失语、普遍缺钙的现象，我们现在并不缺专业知识分子，而是缺少公共知识分子，所以，我借博客这个平台，诉求社会正义，发表了很多为农民等弱势群体说话的文章。

**鸡不算成果，鸡蛋算成果**

记者：您已翻译了45部作品，有许多作品读者十分喜爱。您还是位大学教授，您的译著能作为您的学术研究成果吗？您如何看目前中国大学里的学术评价体系？

林少华：大学里，长期以来，译著不被视为高档次成果，甚至不被承认。不拿国家一分钱创作出来的作品不算成果，而许多拿了国家的项目基金的才算成果。说得痛快点儿，傅雷译的《高老头》不算成果，研究《高老头》的算成果；曹雪芹的《红楼梦》不算成果，刘心武的《刘心武揭秘〈红楼梦〉》算成果。也就是说，鸡不算成果，鸡蛋算成果。

采写：《厦门日报》记者　宋智明　年月

时间：2006年12月15日

第七篇

# 陈丹青：事情做不完，没空老

名片

陈丹青，1953年出生于上海，1970年至1978年辗转赣南与苏北农村插队落户，其间自习绘画。1978年入中央美术学院油画系深造，1980年毕业留校，1982年定居纽约，自由职业画家。2000年回国，现居北京。早年作《西藏组画》，近十年作并置系列及书籍静物系列。业余写作，出版文集有《纽约琐记》《多余的素材》《退步集》《退步集续编》《荒废集》《外国音乐在外国》《笑谈大先生》和《归国十年》。

木心，1927年2月14日出生于浙江桐乡乌镇东栅。本名孙璞，字仰中，号牧心，笔名木心。毕业于上海美术专科学校。1982年定居纽约。2011年12月21日3时逝世于故乡乌镇，享年84岁。

中国当代文学大师、画家，在台湾和纽约华人圈被视为深解中国传统文化的精英和传奇人物。出版了16本小说、散文和诗集，散文集《琼美卡随想录》《散文一集》《即兴判断》、诗集《西班牙三棵树》《我纷纷的情欲》、小说集《温莎墓园日记》等。

木心先生的画作被大英博物馆收藏，是20世纪的中国画家中第一位有作品被该馆收藏的。木心先生的散文与福克纳、海明威的作品一道被收入《美国文学史教程》。

他的学生陈丹青推崇：“木心先生自身的气质、禀赋，落在任何时代都会出类拔萃。”一批当代著名的画家、文学家深受其艺术影响。

昨天上午，陈丹青演讲结束后，在贵宾室稍作休息。按事先约定，记者得以进入贵宾室，与他进行长达20分钟的对话，于是，我们谈木心先生，谈画画，谈写作，谈电影……记者说："看不出来，您都61岁了，好像不会老。"陈丹青笑："做不完的事，没空老。"

**木心还有大量遗稿急待整理**

记者：昨天读完《草草集》的《漫谈木心》，很感动，差点儿流泪，7年前，我对木心先生的价值认识不足，现在决定把他的书认真读完，昨天我在微信里转载了多条木心的精彩观点，不少人点赞。除了《文学回忆录》外，木心先生还有其他遗稿吗？

陈丹青：有啊。无法统计，几十个笔记本都记满了，这是一项庞大的工作，我没有精力自己做了，就交给出版社来整理吧。

记者：《文学回忆录》很多年轻人喜欢，您在《漫淡木心》里写道，木心说："文艺有什么好处呢：写着写着，作者自己好起来。"他有很多这样的奇思妙想。

陈丹青：这不是奇思妙想，我们市面上的话才是奇思妙想，木心说的都是老实话。他是个老人，但是个新作家，而且很难被大家理解，如果没有《文学回忆录》，到现在很多人还是看不起他，因为读不懂，就看不起。

记者：现在除了筹备木心纪念馆之外，还做了什么事？

陈丹青：木心纪念馆已经弄好了，接下去是在乌镇建木心美术馆的事情，木心美术馆明年10月开幕，工程更庞大了。当时是请贝聿铭的两个

陈丹青应邀开讲“艺术与博物馆”。（姚凡　摄）

弟子做的，一个中国人，一个日本人，做得很认真。4 年里，两人前后来了 50 多趟，还请来法国卢浮宫的设计师进行完善，希望不会让大家失望。

### 出镜率少了，一直坚持画画

记者：2007 年我们见面的时候，我希望您少上电视，多画画，后来您真的画出《国学研究院》了，我蛮欣慰的。

陈丹青：其实早就画好了。我现在画画很多，画画用不着对外面说的。画画是我的本行，等于我偷东西不用跟外面说的。因为一直在画。苏州博物馆现在在做我的一个展览。我一直在画，这个不重要啦，画画没有那么重要。

记者：2007年以后，您的出镜率确实少了很多。

陈丹青：对，很少。有的话都是各种场合乱拍，被放到网站反复播放，显得我不停地在说。

## 有的文章乱写，有的文章写得很用力

记者：今年，您的写作迎来大丰收。前一段一下子推出三本新书：《草草集》、《谈话的泥沼》和《无知的游历》，让期待已久的读者兴奋不已。

陈丹青：写作不是你们叫我写的吗？媒体托来托去这样写的时候很多。《无知的游历》，这是比较用力、比较认真写的，《草草集》里写木心的《守护与送别》也是很认真写的，其他都是扯淡。

## 有时候看名画原作回来，还得看高清

记者：在把国内的画家作品以数码方式推出国门时，同时也会失去作品的原创性，这点您怎么看待呢？

陈丹青：这永远是个难题，高清数码已经越来越接近原作了，我有时候看名画原作回来，还得看高清。这是两个不可替代的东西，各有各的好，最好都看。

记者：《黄金时代》这样的文艺片，叫好不叫座，很多观众宁愿看《心花怒放》这样轻松的片子。在这样的情况下，文艺片该如何在追求思想深度和迎合商业化娱乐之间，求得一席生存空间呢？

陈丹青：没有一部片子，是应该拍或者不应该拍的。就像一座美术馆一样，没有一座美术馆是非建不可或者不可以建的，重要的是你拍得好不好，建得好不好。

## 与丹青私聊

《厦门日报》记者 宋智明

昨天上午，出门前，我向主办方的一位负责人咨询，陈丹青先生演讲前后，有没有安排媒体采访。回答是没有，他的行程紧，演讲完马上要去赶飞机。

我心里一惊，赶紧与厦门晓风书屋的创始人许志强联系，7 年前，在他的引荐下，我得以与来厦大演讲的陈丹青共进午餐，并进行了极其愉快的交谈。许志强很快从北京发来陈丹青的手机号和电子邮箱。此时是 9 点零 8 分，我大喜过望，马上给陈丹青发了一条短信："丹青老师，您好！我是《厦门日报》记者宋智明，是厦门晓风书屋许志强的朋友，7 年前，您来厦门时，我们一起吃过饭。后来我写了一篇随笔《与陈丹青结缘》，收入我的一本书《随遇而安》之中，上午会后想送您指正。另外，可否抽出 20 分钟，小小采访一下，关于木心先生，关于画画，关于写作……这几天，耽读您的新作《草草集》，很喜欢。" 10 分钟后，陈丹青发来短信："请来博博会现场，我的讲座 12 点结束。"我答："我会来的，讲座我也要报道的。我 9 点半到，等您通知哦，感谢感谢。买

陈丹青接受《厦门日报》记者宋智明的采访。（姚凡　摄）

了一些您的新书，届时请您签一下，期待。”

10 点 20 分，陈丹青进入会场，候场时，就有不少热情的粉丝上前要签名，12 点 15 分，上百名粉丝把陈丹青团团围住要签名与合影，工作人员忙着提醒大家排队。我心想：完了，不知留给我的采访时间还有没有。等轮到陈丹青给我带来的几本书签名时，后面还有 20 多人。我大胆地对他说：“丹青老师，您好！我就是上午跟您联系的《厦门日报》记者宋智明。”他朝我一笑：“小宋是吧？”我点点头。他朝我往右点了一下头，暗示我一会儿私聊。

等满足了所有人的签名愿望后，陈丹青在五六位工作人员的护送下往贵宾室走去。十几位记者紧随其后，在门口，我们都被拦住了。一位工作人员说："到此为止吧，丹青老师要去赶飞机，请理解。"我急了，我的专访怎么办？我赶紧给丹青发短信："我在外面等，我的书要送给你。"过了10分钟，里面一位工作人员说："一位姓宋的朋友请进来一下。"于是，我得以进入贵宾室，同时进来的还有摄影记者姚凡和实习生小王，小王还带了一幅自己写的硬笔书法送给丹青。

一见面，我冲丹青仰头长叹一声："和您私聊真不容易。"他笑："身不由己，抽一根烟的时间还是有的，我们聊聊吧。"谈话期间，边上一位故宫的工作人员邀请他和太太有空到故宫看馆藏宝贝，他像孩子得到一件礼物似的一脸欢喜。一根烟抽完，丹青要去赶飞机了，在电梯口，我们握了一下手，我说："再见，期待再聚。"他点点头。

正如7年前我在《与陈丹青结缘》一文结尾所写的那样："临别前，我握了握丹青的手，'期待新作啊！'他淡淡一笑，上了车。记住丹青吧，这是一个你见过之后不容易失望的人。"在回来的车上，我有点儿依依不舍，给丹青发了一条短信："幸会，感谢，欢迎再来。"两个小时后，在登机前，他回了一条短信："谢谢！"那一刻，我感到格外温暖。

相关

## 陈丹青：办美术馆要克服四大毛病

昨天上午，中国博物馆协会第六届会员代表大会暨2014博物馆相关产品与技术博览会在厦门会展中心开幕。著名画家、文化学者陈丹青应邀开讲，主题为“艺术与博物馆”，会展中心五楼的多功能厅座无虚席，大家都被他的机智、诙谐和犀利所吸引。

演讲一开始，陈丹青就幽了一默：“你们是要听实话还是假话？”大家喊：“听实话。”陈丹青笑了：“今天有外宾，我一定会说实话，但会把握一个度，不给主办方惹祸。”然而，一开始，他就直陈国内办美术馆（他说，在国外，博物馆与美术馆意思差不多，我说惯了美术馆，就是美术馆吧）的四大毛病：急功近利、好大喜功、机会主义和表面文章，当然，“金刚怒目”之后是“菩萨低眉”，他开出的药方是：诚实、老实和扎实。

**他们缺的不是钱，是心**

办美术馆的第一大毛病是急功近利。陈丹青说，文化是个细活，办美术馆更是一个精细的活，它是熬汤，不能用急火，要慢慢来，文火熬汤才能办好。据说全国有800多家民间美术馆，各省的美术馆更是如雨后春笋，经济不太发达的一些省份也投资了几亿办美术馆。其实不需要这么多这么大。像俄罗斯、加拿大、美国、日本，都没有这么多美术馆。人家数量比我们少，但做得比我们精致。比如，俄罗斯的冬宫博物馆，达芬奇的画有两幅，埃及、印度、两河流域的收藏，一点儿也不比美国大都会博物馆差，他们用了近300年才办到今天的规模。还有，美国大都会博物馆办一个展览，策划时间短则5年，长则10年，甚至30年，而我们国内办大型展，顶多一两年。

第二大毛病是好大喜功。陈丹青说，每年都有一些有钱人找我，请教如何办美术馆，结果，都是有钱人自己在讲话，吹牛说他要盖五千平方米、两万平方米，从不说他有什么收藏、专业人员有多少。我回国时，一位大姐说要在中华世纪坛做一个美术馆，世界五大文明七千年的文物都要收藏。我给她泼冷水，大姐，你在说梦话，现在不是殖民时代，不能抢，你就是再有钱，外国美术馆也不会卖。果然，大姐的计划没有下文。真正办馆不是求大求全，而是根据藏品的数量和主人的追求，做精做细。美国费城郊外有个美术馆，是一个医生办的，面积不大，却收藏了从塞尚、雷诺阿到马蒂斯等所有印象派的作品，你要看，只能到他这里。

第三大毛病是机会主义。各地都在建新的美术馆，但他们中间很多

陈丹青2007年在鼓浪屿游玩。（姚凡　摄）

是醉翁之意不在酒，是帮房地产商在圈地，立项了，地批下来了，美术馆也办起来了，可是，他们不会用心经营美术馆，有的无收藏，有收藏的则藏品可疑，几年后，美术馆几乎成为建筑垃圾。

第四大毛病是表面文章。陈丹青说，我们这一代画家和上一代画家，有人开始关注，各地也建了不少当代名家美术馆，但元明清文人画的代表画家如文征明、董其昌、倪云林，文脉清楚，故居流传有序，但就是没有人去做他们的美术馆。在国外，安格尔、罗丹故居保存完好，英国画家培根一死，政府马上把他的故居保存起来，连里面的粉尘都要加以保护。很多细节也要力争完美，我们办展览，很多画作背后都是电路开关！先秦时代的青铜器展览，照明用灯竟然是日光灯！有时真不是缺钱，缺的是心，缺的是专业知识。

**他要的是另一座山，她买**

针对四大毛病，陈丹青指出，办好美术馆，一定要诚实（用意）、老实（行事）和扎实（效果）。他举日本美秀美术馆为例，他说，日本有个老太太，很有钱，想办美术馆，自己不懂艺术，三顾茅庐，请贝聿铭来设计。她把贝聿铭带到京都郊外的一座山前面说，这是我买的一座山，您看美术馆建在哪里合适？贝聿铭绕山看了看说，旁边那座山更好，老太太就把那座山也给买了下来，然后在两座山之间建起美秀美术馆，自然得就像与山长在了一起。美秀美术馆收藏世界五大文明成果，馆的面积相当于多功能厅的三倍，不算大，但馆藏极其丰富。我在馆里看到辽代木头做的古马，漂亮极了。这样小而精的美术馆，日本有30多座。我在馆里看过，工人、农民携家带口来看展览，不出国门，尽赏印象派、巴洛克各种风格的艺术品。

陈丹青说，国内有了这么多美术馆，肯定是一件好事，我只是希望把好事办好。美术馆是最好的大学，我希望更多的青少年在家门口就能欣赏到好的艺术品，对历史一再惊讶，才会更加珍惜脚下这片土地。

采写：《厦门日报》记者 宋智明 实习生 王冰冰

时间：2014 年 11 月 23 日

第八篇

# 白岩松：哪怕现场只有十个读者，我也要义无反顾地飞来

名片

白岩松，1968 年 8 月 20 日出生于内蒙古呼伦贝尔市，节目主持人、记者，毕业于北京广播学院新闻系。1993 年，白岩松参与创办《东方时空》，并推出子栏目《东方之子》。1997 年，主持香港回归、三峡大坝截流等节目直播。1999 年参加澳门回归直播、国庆五十周年庆典转播。2000 年被授予“中国十大杰出青年”。2003 年，开始主持中央电视台新闻频道的新闻专题节目《中国周刊》(后更名为《新闻周刊》)。2010 年，获得“优秀播音员主持”奖。著有《痛并快乐着》、《岩松看台湾》和《幸福了吗？》等书。

“今天，北京大雾，飞机延误，身边的朋友劝我不要来了。但我不能对不起读者，我说，义无反顾，哪怕厦门只有十个读者，我也必须来。”白岩松说。昨天下午，当他解释自己迟到的原因和读者意识时，会展中心二期福建馆一千多位痴心等待的读者报以热烈的掌声。作为中央电视台著名的主持人，白岩松不仅能说，而且能写，这一次，他带来了新作《幸福了吗？》。据介绍，一年来，这本书以其丰厚的内涵与成熟理性的态度影响了数百万读者。更重要的是，白岩松始终践行承诺，将对幸福的思考、对民生的关注落实到工作与生活中的每一处，以新闻人的良知与责任，不遗余力地推进中国的“幸福”进程。

“今天，你幸福了吗？”在现场，白岩松与记者谈新书，谈媒体，谈人生，记者欣喜地发现，白岩松招牌式的“紧锁眉头”不见了，多的是幽默的话语和爽朗的笑声。

### 与读者分享新书也是一种幸福

记者：您这本书的书名是《幸福了吗？》，与十年前的《痛并快乐着》相比，此书更多在谈论幸福。可是，从今天的情况来看，您打飞的来签售，早出晚归，来去匆匆，把自己弄得很累，请问幸福从何而来？

白岩松：对我来说，今天这种情况是“痛”更多些，而且是单边的“痛”，因为只能用一只胳膊签名。你问我幸福从何而来，我想，作为一名作者，最希望的就是读者能够来亲近这本书。就好比一个厨师，做完一道菜时最希望看到的就是有人能津津有味地吃着他做的美食。我

白岩松来厦门签名售书。（王火炎　摄）

还记得我姥姥以前煮完饭菜，她先不吃，而是坐下来看着我们吃，她就觉得很幸福了。我这本书出了有一年多了，但在图书排行榜上排名还是很靠前。

《幸福了吗？》是带问号的，我不是一个幸福专家，我也时常在问自己幸福了吗。我有很多轻松的活可以做，可以挣更多的钱，但做那些事与今天在这里、与大家见面的感觉是完全不一样的。签售的时候，我要与每一位读者点头或问好，有许多人会对我说“谢谢”，我说，“我该谢谢你”。能来这里与大家分享此书，再苦也幸福。

记者：您为什么选择十年这个时间段来出一本书？下一个十年您又

有怎样的出书计划呢？

白岩松：中国人评论人生一般用的都是十年，比如三十而立、四十不惑，一般没有三十五不惑的吧！作为一个新闻人，十年是一个合适的时间段，不长也不短，五年太短，二十年又太长了。十年里，我刚好能对自己的工作进行一个总结，十年是一个新闻人观察自我的一个很好的时间段。有些人可以一年出两本书，这是天才才能做到的，我没有这个本事。我想，未来我还是会以观察自己的方式观察社会。算一算，五十岁、六十岁、七十岁，我应该还有三本书要写。我要争取活到八十岁，但我那时不一定要写书了，因为或许我会成为一个絮叨的、反复说过去年代好的老头，那他的书就不必看了。我希望自己成为一个好玩儿的老头，穿着时髦的衣服，偶尔还喷喷香水，说说连年轻人都不敢说的话。如果是那样，我就再写一本。

**每一个人应该做好自己的本分事**

记者：现在，社会上发生了一些重大事件时，大家都会关注您怎么看，似乎您的话成了一个标杆，只有您说的是真话，您怎么看？

白岩松：最近我领了不少奖项，包括“大学生最喜欢的男主播”，接下来也有好几个奖项要拿。但是领这么多的奖，我反而警惕起来，因为我觉得我没多做什么呀。我只是做着我在北京广播学院上学那会儿老师教导我的。你这么说就好比你夸一个青年：“你从来都不偷东西，你是个好青年。”可是不偷东西本来就应该是每个人应该遵守的。我现在听你这么说，就好比这个青年听到这样的夸奖一样。

作为一个新闻人，说真话本来就是我该做的！而且，这应该是一个新闻人的底线，而不应该是上线。但在中国，许多底线反而成了上线。

比如，食品，不敢要求它美味可口，只要求它甭放特毒的东西。这个社会需要法律来制约人们的行为，更需要每个公民的自觉践行，每个人应该有自己的本分，如厨师就是要做安全的食品，踢球的就是踢球的，裁判就当好裁判，每个人应该明确自己的本分，而不是让这个社会来表扬那些做了本分之事的人。我们应该努力夯实底线，不断地提高底线，急不得恼不得，一点一滴取得各方面的进步。

记者：《新闻联播》明年就要改版了，会更亲民吗？作为一个新闻人，您对此有何评价？

白岩松：首先，我不主持《新闻联播》，所以也没有过多的想法。作为老百姓，在电视节目的选择上有很多自主权，说实话，如果您不爱看《新闻联播》，您也可以看看《新闻 1+1》嘛！中央电视台就是一个百花园，有很多不同类型的电视节目供大家选择，我觉得这样才可爱，这样才民主。对于电视节目，我们应该更包容地去看待，允许节目朝多元的方面发展，这样老百姓选择的余地也更多。

### 先把眼前的事情做好

记者：现在有不少年轻人怀揣理想，却苦于无法实现，您对此有什么看法？

白岩松：理想总是很美好的，现实却怎么那么痛苦呢！顺顺利利地实现的理想就不叫理想了。容易实现的理想好比是天上掉馅饼，但是现实情况却是天上经常只会掉铁饼。理想要踮起脚去够，跳两下才能够到的东西，那才有快感。人是一定要有理想的，但是你要把这理想揣在兜里，不要总看着它，先把你眼前的事情做好，也许就这么做着做着，你会发现理想居然实现了。

我不喜欢成功学方面的书，感觉那和卖大力丸没什么差别，因为成功是不可以复制的。我有五个字送给大家，叫“想赢不怕输”，这话听起来很简单，但是很难啊！你要找到两者之间的一个平衡点，当你做每件事的时候，只要抱着最坏的想法去做，即使没有达到，那也不会让你太失望。就拿签名这件事来说，我一开始要是想到要签两千多本书，肯定会很绝望。但我以十分钟一节来算，点头，打招呼，微笑，不知不觉间，书签好了，大家也如愿以偿。大家都感到了幸福。

记者：您是如何看待中国教育的？

白岩松：我在中央电视台仍是一个只有本科文凭的主持人，没有一张自己的办公桌，连股级干部也不是。虽然有很多文凭“升迁”的机会，但我还是拒绝了，因为我觉得还有许多提高自己的途径。很多时候，那张纸质证书并不是那么重要。牛不牛，在于别人对你的评价，而不是那张水一泡就作废的纸质证书。我是内蒙古人，大学同学有来自北京、上海的，但我从不自卑。我的一个老乡第一次来北京，就在人民大会堂唱牧歌，无所畏惧，我身边的一个人就问我，这人怎么不会害羞呀？我回答他，对于草原上长大的人来说，北京是小地方。

我还是很佩服鲁迅先生，他曾经说过“救救孩子”，现在有很多家长开口就骂中国足球，一转身就拒绝自己的孩子上体育课，孩子受一点点伤就想办法帮他请假。我儿子每次上完体育课受伤回来，我都夸他特“爷们儿”。有一次我儿子小心地问我，可不可以看一场凌晨举行的欧冠足球赛，我立即答应了。隔天我儿子对我说，老爸，我是我们班唯一一个敢熬夜看球赛的。当然我并没有允许他天天熬夜，我只是想让他成长得更男人些。我们的教育应该把孩子培养得更男人点儿，或者培养得更像“人”。

白岩松为厦门读者讲述自己的幸福观。（王火炎　摄）

## 为飞机晚点而道歉

因北京大雾，白岩松乘坐的飞机晚点，原定昨天下午1点30分召开的新书签售会迟至下午3点25分才召开。白岩松一出现在现场，连连跟读者说对不起。他说，我早上5点起床，在没有起飞的飞机上坐了3个小时，北京大雾，能见度只有十几米。有朋友建议我取消厦门之行，我坚决说不行，要“义无反顾”去厦门。哪怕现场只剩下十个人，我也得来，这是一种态度。我订了晚上8点多的返程飞机，也不知能不能按时回去。这些我管不了，眼下，我要把读者“爷爷奶奶”侍候好。你们怎么高兴、怎么舒服，我都奉陪。因为我迟到了，这是我欠大家的。签售结束，白岩松再次鞠躬说对不起。

### 得罪媒体不得罪读者

按照行程安排，白岩松在签售会上，应该先与读者和记者互动半小时，再签售。当他看到一千多人排成的长龙时，于心不忍了。他说，我们的谈话，外面的人听不到，还有，很多人要赶回去吃饭。我还是先满足绝大多数人的要求吧，先签再聊，媒体同行，对不起了。签完之后，哪怕只有一位朋友留下来，我也会陪你聊到底。签完以后，仍有一百多位铁杆读者和敬业的记者舍不得走，意外地听到了一场精彩的对话。

## 幸福的等待

从下午1点30分一直等到晚上6点半，本报记者对白岩松不离不弃。等待的过程虽然漫长，但是却一点儿也不枯燥。先是看戏一样看白岩松为读者签名，他的微笑、点头、轻轻说话和运笔如飞，极大地满足了一个“粉丝”的好奇心；接着与身后的读者聊天，听她们说上午11点就来了，感觉自己还不那么苦；听她们议论“当白岩松身边的工作人员真幸福啊”，体会一种“爱屋及乌“的心情；最后是看累了，翻出刚买来的台版小说《未央歌》，人一下子沉静下来，深觉“偷得浮生半日闲”的美好。

很多媒体同行等不及，都撤了。本报记者的坚持得到回报，我看到了异样的风景。白岩松与读者和记者的精彩对话让人觉得所有的等待都是值得的。本报记者有幸获得提问的机会，并与白岩松面对面交流。首先，我感谢他6年前接受我的电话采访，尽情地聊《岩松看台湾》一书；其次，我提醒他，我更喜欢十年前的他，那时的他更有理想主义的情怀，更勇敢、更尖锐，当然，更悠闲一些。最后，我欣喜地看到一些“潜伏”者，有男有女，他们是白岩松在厦门工作的大学同学，为了支持白岩松的工作，他们放弃了与他共进晚餐的机会。

其实，来的人都有收获。白岩松说，我来，不只是在书上签个名这么简单，我是来传达一种善意的，我会冲每个人微笑，说上几句，有的还合影，他们日后会说，白岩松有什么了不起，他给我签名、和我说话。我希望他们感受到一种温暖，让生活显得不那么难。

告别前，白岩松真诚地说，感谢在场的警察、保安、年轻志愿者和图书营业员，让你们受累了，因为我的迟到而晚归。最后，感谢听完我谈话的各位朋友。

采写：《厦门日报》记者 宋智明 实习生 吴雪莹

时间：2011年10月30日

相关

# 白岩松：两岸之间需要“脱敏”

中央电视台《东方时空》栏目与台湾东森电视台亲密合作、制作的12集电视节目《岩松看台湾》播出后，社会反响热烈。日前，与电视节目同名图书《岩松看台湾》由九州出版社推出，成为大陆主流电视媒体首次与台湾媒体亲密合作的珍贵见证，同时也是第一次通过央视名嘴白岩松的视角，展示了一幅描绘台湾风土人情的人文长卷。

书中既有央视“名嘴”白岩松采访连战、宋楚瑜、余光中、柏杨、侯孝贤等十余位台湾知名人物及重要事件的采访实录，又以采访日记、采访手记、采访档案、采访语录、采访“背包”等形式客观详细地报道了台湾的方方面面。

该书以超过同名电视节目十几倍的信息量首次披露了大量鲜为人知的幕后故事，全流程、多视角地展示了电视节目的策划、制作细节，不但是解读台湾社会现状的“小百科”，也是一个富有特色的新闻采访案例。

《厦门日报·海峡周刊》创办之初，就有一个大胆的设想，争取与文化名人“亲密接触”，通过面对面采访，或者电话采访，采到第一手的资料，以飨读者。《岩松看台湾》出版后，我们就想：如何采访到白岩松？白岩松是大忙人，如何让他抽空接受我们的采访？我们打出了“友情牌”：本报资深记者赵立是白岩松的同班同学，经过赵立的努力，白岩松决定破例接受记者的电话采访！

2005年12月17日上午11时40分，记者如约拨通白岩松的手机。

与电视上一样标准的普通话，伴以电视上很难听到的爽朗的笑声，我觉得电话那头的白岩松更为真实。“我希望两岸人民早晨起来给个笑脸，平时有空多走动，心就会一天天靠近，某一天醒来，我们的理想不知不觉实现了。”白岩松对两岸的明天充满信心。

## 近距离观察优秀人物

记者 :《岩松看台湾》这个节目是怎么想出来的？当时想达到一个什么样的目的？

白岩松 : 一切就像滚雪球。3 年前，台湾华航的一架客机发生空难的时候，央视的记者与台湾东森电视台取得联系，得到东森工作人员的大力支持，在现场进行信号对接，成功发回报道。这本来是媒体之间很平常的合作，没想到《亚洲周刊》把这件事的意义提升了，认为是“三通未通，媒体先通”。后来的直航包机，东森电视台来大陆报道，央视也给予了一定支持，我们和东森的联系更加密切了。

本来我们今年 3 月就打报告，可否到台湾进行现场报道，本来以为挺难的，没想到事情朝着良好的方向发展。先是连战、宋楚瑜的大陆行成了新的“爆发点”，央视和东森的合作更加密切，我们《东方时空》更是成了重要平台，我和卢秀芳于 4 月 29 日共同主持当天的节目，构建了两岸媒体交流的桥梁，也为我们去台湾采访铺好了路。7 月份我们被批准去台湾，就成了水到渠成的事，应该说是天时地利人和促成了此行。

记者 : 你们在采访的过程中有遇到阻力吗？

白岩松 : 没有。所有的被采访对象都非常愿意接受采访，这是大环境使然。两岸之间需要“脱敏”，只有双方经常来往、密切交流，互相给予足够的尊重，沟通起来极为轻松。

记者：在采访过的人物当中，哪一个人物给你们留下最深的印象?

白岩松：被采访的人都很支持我们。连战和宋楚瑜是在大陆行之后首次接受大陆记者媒体的采访，他们接受采访时的开诚布公很令人感动。宋楚瑜谈一人党谈经费，连战谈进或退，均发自内心。王永庆是台湾企业界“教父”级的人物，一般不接受采访。没想到却接受了我们的采访，他和我们聊得非常开心，他对访谈很满意，采访结束后主动邀请我们喝咖啡吃饭！还有证严法师，他是第一次接受大陆媒体的采访，现场不能使用灯光，也不能使用别在衣服上的纽扣话筒，大家围在大木桌上，品茶闲谈，谈慈济骨髓库，谈“人间佛教”……那样近距离观察优秀人物，这是人生的一种福气啊!

## 真正的尊敬藏在心底

记者：你们所采访的人和事都很有代表性，既有两岸人民的一些共同记忆，也有一些台湾本土的新现象，这是在采访之前都定好的吗?

白岩松：我们的采访计划订得非常详细和周密，“海棠”台风除外（笑）。去之前，我们请了不少台湾研究专家来讲课，解读相关政策，最后拿出采访方案，选取了在大陆最具影响力的人物和事件进行采访。后来，我们的采访方案基本上顺利实施。本来还可以采访到更多的人，比如李敖，我们去的时候，他正好因病打点滴，只好作罢；刘文正，可惜没人知道他藏在什么地方；林青霞，她非常愿意接受采访，可惜行程排不开。没关系，我们下次再来!

记者：我曾经在一篇文章里看到，说你在机场候机时，见到过去的偶像齐秦，心想，如果是罗大佑的话，你一定跑上去和他握手。有这回事吗？这次没有采访到罗大佑，有没有一些遗憾？

白岩松：你在哪里看的文章？我现在见到曾经的偶像，肯定不会上前拥抱或握手，齐秦、罗大佑、崔健带给我们美好的记忆，我会把真正的尊敬埋在心底，而不会形之于色。我的第一本书的书名——《痛并快乐着》，其实来自齐秦的歌名，这也是表达敬意的一种方式。对罗大佑，《岩松看台湾》的序里也引用了他的一句歌词："朋友之间越来越有礼貌，只因为大家见面越来越少。"还有，如今台湾音乐人来大陆十分频繁，要采访很容易。

## 心怀梦想 脚踏实地

记者：由于两岸隔绝多时，两边对彼此均有一些猜测和"误读"，我认为你们的节目在消除误会方面起了很大的作用。我们过去由于种种原因，对台湾的"负面报道"较多，特别需要一些正面报道。这大概也是你们此行的目的之一吧？

白岩松：往对方脸上抹黑，这是对抗时代的一种策略。在台湾，和友人们讲起儿时的回忆，发现当年彼此"涂抹"的语言和思维方式都差不多，大家笑一笑也就过去了。现在的资讯很发达，彼此都能看到对方的优点。从大陆来说，我们在流行音乐、文学方面深受台湾的影响。在硬件方面，台湾将来能够给予我们的支持比较有限，但台湾在软件方面却可以给我们许多启示，比如：寻找快乐人生的台湾志工；以佛心为己心，慈济人生的证严法师……所以我认为，两边的人要多走动，要把恨变成爱，我们心怀很远很美好的梦，早晨起来给个笑脸，走动越来越多，心必然越走越近，某一天醒来发现，理想实现了。

## 我对台湾媒体“又恨又爱”

记者：能谈谈你们对台湾媒体的工作作风的认识吗？

白岩松：我对他们是“又恨又爱”。我不喜欢他们新闻节目的过分娱乐化和色情化，但对他们在关键时刻的敬业精神很欣赏。

台湾有21家电视媒体，竞争十分激烈，所以在新闻报道方面求快不求深，很少有真正的专题报道。比如关于前一段林志玲骑马摔伤的报道。第一天，电视台报道林志玲坐轮椅；第二天，电视台报道“林迷”声讨为林志玲治疗的男医生，责备他摸了林志玲的胸部；第三天，电视台的报道开始探讨林志玲的胸部是真是假……我们在台湾的十多天里，在电视新闻里竟然不时地看到限制级画面！

不过，在“海棠”台风过境时，我们又不禁为台湾同行的敬业精神竖起大拇指：哪里有危险，哪里就有他们的身影！

## 出书是意料之外的事

记者：从电视到书，你们所用的时间并不长，这与你们的积累有关。请问你们在做电视的时候就想到了出书吗？

白岩松：当时没有想到出书。去之前，我们只是拿着采访清单，对能采回多少内容没有把握。是出版社找上门的，当作一件公事来办。既然要出书了，我们也想为此行留一个完美的记录，还得对读者负责，于是我们分头写了不少文章，加上大量的编排，希望为两岸交流做点儿贡献。值得一提的是，书里的内容较电视播出的更详尽更生动。电视播出受时间限制，很多精彩的段落不得不删减，书里则原汁原味地保留着。

## 别把自己太当回事

记者：第一本书出版后，您除了给《体坛周报》写过一些球评外，似乎写得不多，那您平时还坚持写作吗？

白岩松：还有写一些，主要给长沙的《体坛周报》、深圳的《晶报》写些体育评论。不过今年写得少，今年是体育的小年，不是大年，就像昨天中国和保加利亚的足球比赛，0：0，平淡无奇，没有激动人心的事，也没有太糟糕的事。

记者：新闻工作压力大，崔永元长期失眠，您的情况较好，你是靠什么调节的？

白岩松：心态要放松吧。尽量把工作和生活分开，爱好多一点儿，别给自己施加太大的压力，当然，别把自己太当回事。

## 厦门是我的"第二根据地"

记者：你曾经说过，对于一个记者来说，广泛的阅读很重要。记得您曾经推荐过《曾国藩》（我因此找来读过），现在要再推荐一本的话，您会推荐哪一本？

白岩松：勤读书才能保持思想的活力，也是调整心情的一种有益做法。今年我读了不少好书，印象深刻的有《胡适杂忆》、《半生为人》、《道德经》和《万里无云》。如果只推荐一本的话，那就唐德刚写的《胡适杂忆》吧，书里观察问题的角度很独特。

记者：对了，《岩松看台湾》在厦门的几大书店都摆在醒目的位置，据反映销量不错。还有，厦门与台湾关系非常密切，欢迎您找一个选题过来采访。

白岩松：书卖得好，可能与厦门和台湾的关系密切有关。谢谢厦门的读者。厦门我当然想去了！那是我们班同学的“第二根据地”（第一根据地当然是北京），我们班（北京广播学院85级）有五六个人在厦门工作，我们逮着机会就会“偷溜”到厦门聚会。代我向赵立问好！

采写：《厦门日报》记者 宋智明

时间：2005年12月17日

第九篇

# 汪朗：学做花生汤，至今不得要领

## 名片

汪朗，祖籍江苏高邮，1951年出生于北京。1968年初中毕业后到山西忻县插队三年有余，之后到太原钢铁公司当了六年多炉前炼钢工。1978年考上中国人民大学新闻系，毕业后分配至经济日报社，从事经济报道工作三十年；曾任多个部门主任、高级编辑，2011年退休。近些年，汪朗在杂志上陆续写了不少关于吃吃喝喝的杂感，并曾结集出版，计有《胡嚼文人》、《食之大义》和《刁嘴》等。另于多年前和两个妹妹汪明、汪朝合著《老头儿汪曾祺——我们眼中的父亲》一书。

汪朗走进屋，我看了他一眼，惊呆了，在心里叫了一声：像，太像了！过了六十岁的汪朗，和他父亲汪曾祺晚年的样子太像了，乍一看，你会以为汪曾祺 1997 年不曾离我们远去。和父亲还有一点像的，是他那些赢来喝彩不断的“饮食随笔”，汪曾祺擅长做菜，更擅长写美食文章；汪朗在朋友的“诱骗”下，写起了一篇篇饮食文章，有史料，有才情，更有锋芒，颇受读者欢迎。由三联书店出版的《刁嘴》一书，去年在厦门艺术中心亮相海图会，引来读者的强烈关注。据了解，厦门有一家书店正准备邀请汪朗来厦开讲座。

我与汪朗有过一面之缘，那是去年 5 月 17 日，我在北京鲁迅文学院进修的同学苏北引荐的。那天晚上，苏北得了一笔意外的稿费，决定在离京前请几位好友吃一顿。请的人里面少不了汪朗。汪朗热情，随和，言语里透着冷幽默，令人如沐春风。他谈父亲，谈写作，谈与福建的缘分，客观，通达。他的母亲是福建长乐人，我说，我们是半个老乡，欢迎你到福建多走走。

汪曾祺是大家喜爱的作家，人虽然走了，但书的影响却越来越广，每年都有汪著被重新包装出版。新版《汪曾祺全集》进展如何，一直为汪迷所关心。汪朗近期会做客厦门，带着一种“先访为快”的心情，记者通过邮件采访了汪朗。汪朗回答之认真、细致、生动，让人感动。他说，很多事，这还是头一回说。因为我们是朋友，是老乡。

**谈汪曾祺：待人很平等，写作颇勤奋**

记者：《老头儿汪曾祺——我们眼中的父亲》2000 年初版，2012 年

汪朗的母亲是福建人，他对家乡来的宋智明备感亲切。（周卫彬　摄）

再版，一是说明大家喜欢汪曾祺先生，读其书，愿意识其人，二是您和汪明、汪朝文笔好，多写汪老平易近人和真性情的一面，加上细节丰富生动，读来温暖、感人。请问，您作为汪老的大公子，您觉得汪老身上哪些品质是您最难忘的？

汪朗：我们对于老头儿的印象，其实都写在那本书里了。他在我们家没有什么“地位”，经常被吆来喝去的，就连孙女也是“老头儿”长“老头儿”短的，只有外人来了才叫声爷爷，给他点儿面子。对此，他觉得很正常，甚至是有意营造这种平等氛围，从来不说我也是名人了对我客气点儿之类的废话。说了也没人买账。我们兄妹几个和人交往都比较平等，没有你高我低的意识，这和他的影响应该有关系。但是也麻烦，不怎么会说奉承话，因此有些人不太待见。

老头儿年轻时其实挺傲的，有才的人可能都这样。后来经的事情多了，待人接物也就比较平和了，不那么张扬。他写过一首诗，前面几句是：“我有一好处，平生不整人。写作颇勤奋，人间送小温。”他确实没整过什么人，因为总挨整，没有“作案”条件。但是“写作颇勤奋”倒不是虚言，直到晚年他几乎每天都要动笔。他的习惯是早睡早起，每天吃完早饭，双手捧着一杯新沏的浓茶，坐在沙发上发呆，想好后便开始写作，直到该做午饭了。他写成的东西，稿纸上清清爽爽，很少有涂改之处，因为要写的内容甚至语言早就想好了。这确实是本事，我们比不了，但是干事认真的态度多少还学到了一点儿。

**谈汪著：人间送小温，读来有味道**

记者：我们知道，作品有畅销和长销之分，汪老过世快二十年了，但大家感到他一直还活着。他的作品不断再版，长销又畅销，有些粉丝买汪著，只要书里有一两篇文章没读过或文章相同但版式不同也照买不误，您个人觉得汪老作品的魅力有哪些？

汪朗：这个问题读者才有资格回答，是他们花钱买的书。这些年，老头儿的作品确实卖得不错，每年都有出版社编各种集子卖，累计数量比他在世时出的作品集多得多，而且居然还都能卖出去。老头儿生前认为，自己的作品是能够传世的，这一点他有自信。但是他也说过，恐怕只会有少数读者能够欣赏他的东西。因为按照传统的衡量标准，他的东西不是主旋律，缺乏时代特色。今天的场面，他在世时是不会想到的。

我觉得，他的作品比较平和，比较随意，很少端着架子讲些什么人生哲理，警世名言，因此看起来不太累。现在大家工作生活都很紧张，希望读书时能够放松一下，他的作品比较适合这种阅读需求，写的都是些平常人平常事，不煽乎，不闹腾。这也是他的文学创作主张，人间送小温嘛。比起大热大寒来，小温自然会被更多人接受。另外他的文字表现力很强，虽然看上去都是些普普通通的字眼，但是读起来很有味道。这也是不少读者喜欢看他作品的原因。

**谈《全集》：早期作品多，剧本收得全**

记者：我们知道，人民文学出版社这些年一直致力于整理汪老比较完善的一部《汪曾祺全集》，不知现在进展如何？《汪曾祺全集》拟增收多少佚作？书信部分会增加很多吗？

汪朗：关于《全集》出版的事情，我妹妹汪朝参与得多些，我没怎么涉及，反正各项工作都在推进之中。出版社上上下下对此都很认真，还找了一些社会上的专家学者和文学编辑参与此事，负责篇目编排、书信收集等事宜。我们家里人甚至觉得他们的工作有些过于认真了，因为每一篇作品都要找到原始出处，然后再进行编校勘误等后续工作，书信收集更不容易，要根据各种线索找到相关人员问询情况，很费劲。

老头儿逝世后不久，北京师范大学出版社曾经出过一部《汪曾祺全集》，由于编辑得比较仓促，一些作品未能收进去，这次会把新近发现的作品补充进去，特别是老头儿早年在报刊上发表的一些小说、散文。书信的数量也会比过去有较大增加。另外，他过去写过的一些剧本这次可能也会收入《全集》。当年江青曾经让他们按照京剧《杜鹃山》的模式，弄一个每句道白都要押韵的本子。押韵本《沙家浜》写好后，江青又改了主意，因此没有照此排演，但是剧本留下来了。这次《全集》中也计划收进去。另外，人民文学出版社准备在《全集》出版之前，先出一套《汪曾祺小说全编》，把现在收集到的小说集中出版。

**谈写作：被赶着写文章，观点史料藏**

记者：汪老是位美食家，会做菜，也写了不少饮食方面的文章，在《四方美食 胡嚼文人》一书中，您与汪老携手闲说饮食，大家才知道您也精于此道。不过，您的关注点似乎是借饮食说事，您的这些文章“不是美食巡礼，更非烹饪要义”，写的是历史上的美食，实际上是对某些现实发些感慨。这本书，和后来的《食之大义》、《食之白话》与《刁嘴》，有史料，有才情，还有冷幽默，颇受读者欢迎。您是怎么研究上饮食文化的？在写作上有师承吗？

汪朗：哈哈，我的这点儿“狐狸尾巴”还是没藏住。确实如你所言，我的“美食文章”并不纯粹，只是想借这类题材说点儿别的东西，其实也就是那么几句话，但是要敷衍成篇，只好找点儿史料掌故东拉西扯一通。当年老头儿评价林斤澜的写作特点是有话则短无话则长，我的这些小文章也有点儿这方面的追求。最初这类文章是给《财经》杂志写的，我有同学在那里当主编，硬赶着鸭子上架，让我开个专栏，主题就是谈吃。单纯谈美食显然不是这种杂志所需要的，我也没这个兴趣，只好另外想辙，一来二去便形成了这样的套路。我当记者时跑过一段商业，对餐饮业多少有些接触，也感兴趣。另外，老头儿喜欢做饭，也爱写些这类文章，我也受到了一些影响。我的这些东西和老头儿的美食文章不一样，但是其中暗含着他的一些文学主张。比如，他认为文学作品中不宜过分强调作者的倾向性，要让读者自己通过作品本身去体会，我写这些小文章也不想把意思说得太透，读书的都是明白人，你的那点儿

受父亲汪曾祺的影响，汪朗写美食的文章很有特点。（汪朗　供图）

“小九九”大家都看得懂，犯不上扯着嗓子使劲嚷嚷，那样反倒没意思了。

记者：您年轻时到山西插队，后来在山西当过六年炼钢工，以后考大学，当记者，经历可谓丰富，您的文笔又很有特点，不知有无打算写点儿饮食之外的文章？

汪朗：没有。能力不够。说起来你大概不信，我从上小学起，最怵的就是写文章，不像有些人打小儿就想当作家，志向远大。大学毕业到报社几年后，写东西才算有了点儿感觉，但也说不上有多好。在家里，老头儿心里肯定觉得我不是搞文字工作的料，当年母亲“望子成龙”，老跟老头儿磨叽让他教教我写文章，他从没应承过，实在逼急了便把脖子一梗说：“我写文章谁教过？”一边去了。这样也好，反正他对我没有什么指望，写成什么样儿也就无所谓了。

我的几本书都是他逝世后出的，如果他还在，指点指点可能还会有些进步，但是大提高也难，底子差。有个当年和老头儿挺熟后来和我也挺熟的朋友说，你的文章读起来也还行，但是没有老头儿那种飞来一笔让人叫绝的地方。那是，老头儿的才气是学不来的，能悟出几分就不错了。不过我也有点儿长处，就是干了多年新闻，对于实际情况比较了解，文章的现实针对性强一些，因此也还有些人看看。

**谈厦门：美食品种多，文化气息浓**

记者：您的母亲施松卿是福建人，不知您和您的家人经常来福建吗？对福建的印象如何？汪老来过福建，到过厦门，也留下了文章，您也来过吗？印象如何？

汪朗：我在六十年前和母亲一道回过她的老家长乐，当时火车还没有通到福州，要在闽江上坐一段轮船才到。后来，我的一个妹妹也和母亲回过长乐老家。到报社工作后，去福建的机会比较多。前几年，我们报社在福建搞了一次大型采访，将近一个月的时间我们的采访组跑了福州、莆田、宁德、泉州几个地方，对福建有了比较深入的了解。福建山清水秀，经济也发达，民风淳朴，还有一个特点，到下面采访，都是先喝功夫茶，一边喝一边聊，很有情趣。就是话太难懂。我们家里不说福州话，没有这方面熏陶，闽南话更是跟听天书一样，一个字也猜不出来。好在一般人都能说普通话，交流不成问题。

厦门我到过四五次吧，鼓浪屿、南普陀都去过，还有什么地方记不太清了。我挺喜欢厦门的，城市漂亮，而且很有文化气息，有大学，有交响乐团。还有蚵仔煎、花生汤，坐在小店里慢慢品尝，很有味道。花生汤我在家试做过两次，不成功，做不到那种酥烂程度。看来还是不得要领。可惜的是，去厦门都是参加企业活动或是搞发行，没有深入探访过。

采写：《厦门日报》记者 宋智明

时间：2016 年 4 月 12 日

# 爱看杂书

汪朗

我看书不多，但是很杂，一般人未必感兴趣。姑且拿手边几本书凑数吧。

《沈从文的后半生——一九四八·一九八八》（张新颖 著），广西师范大学出版社出版。这是一个朋友看完送给我的。看完之后心里觉得堵得慌。沈先生活得太不容易了。作者张新颖是复旦大学中文系教授，他在《后记》中说："我想呈现出来的，不仅仅是一个人半生的经历，他在生活和精神上持久的磨难史，虽然这已经足已让人感慨万千了。我希望能够思考一个人和他身处的时代、社会可能构成什么样的关系。"而让我感受最深的，是沈先生对中国传统工艺品的痴迷和珍惜，这是真正的爱国主义。

《北京商业40年》(多人编)，中国财政经济出版社出版。这是从旧书店淘来的老书，反映了1949年到1989年北京市商业的变迁，有一些十分珍贵的资料、数据。比如1952年开展"五反"运动后，北京市三个月时间商品流通额下降了66.16%。书中对"三年困难"时期北京市的副食品"特供"情况也提供了不少资料，包括什么人可以享受，分为几等，每月供应量，开始和截止日期。享受"特供"的，不只有高级干部，还有大量高级知识分子。

《道咸宦海见闻录》(张集馨 著)，中华书局出版。这是我翻过的一些史料笔记中很有分量的一本。撰写者张集馨是清道光年间的进士，当过副省级干部。这部书原来是他的官场生涯记录，没打算出版，因此反映当时官场腐败风气没有太多顾忌，较为可信。比如他说出任陕西粮道时，一年六万多两白银的进项中，五万两要用于请客吃饭和打点各级官员，其中顶头上司陕西巡抚每季度送银一千三百两。当时的巡抚是林则徐。作者还担任过汀漳龙道，和福建有些渊源。看这类笔记比看小说有意思。

《齐如山回忆录》(齐如山 著)，中国戏剧出版社出版。齐如山先生一生经历极为丰富，晚清时参加过科举考试，后来又入同文馆学习德文，八国联军打进北京后，为德国等军队代购过物资，辛亥革命时又将自家宅院提供给革命党人制作炸弹。他还把中国工人送往法国制作豆腐，开中国豆腐走出国门之先河。他还是京剧理论研究第一人，为梅兰芳编写了许多剧本。书中在记录这些经历时，有许多故事和细节。比如他说参加科举考试时，考生的座位下面放着一个瓦盆供小解之用，如要去厕所解大手，监考人员便会在试卷上盖上一个黑色的章作为标记，俗称“屎戳子”，盖上“屎戳子”的卷子，写得再好也不会录取。这样的事情只有亲历者才知道。

《故宫退食录》(朱家溍 著)，北京出版社出版。作者朱家溍先生是著名文物专家，现在故宫太和殿里的龙椅就是经他发现后修复的。他也是个大杂家，有资格给王世襄先生的《明式家具研究》作序，给京剧专业演员说戏，对吃喝也颇有研究。这本书体现了朱先生之杂家水平，里面不少文章的内容都是第一手材料，比如他从清宫太监处了解到的帝后进餐的程序，他对谭家菜的记忆，殊为难得。这样的杂家如今是走一个少一个。惜哉！

第十篇

# 苏北：喜欢汪曾祺，把《晚饭花集》手抄一遍

名片

苏北，本名陈立新，1962年出生于安徽天长。1986年开始发表作品，著有苏北作品精品集三种：小说集《秘密花园》、散文集《城市的气味》和回忆性著述《忆·读汪曾祺》）和随笔集《书犹如此》、海外散文《植点青绿在心田：苏北海外散文71篇》等。中国作家协会会员。

我喜欢读汪曾祺的文章，他的书能找到的我都读了，有的读了不止一遍，但也就是读读而已。有一个人更疯狂，他不仅读了，觉得不过瘾，把汪曾祺写的《晚饭花集》用笔抄了一遍，抄了整整 4 个笔记本。他就是写过《一汪情深》和《忆·读汪曾祺》的苏北。

有一年，他在微博上说自己在鼓浪屿闲逛，我赶紧联系他，请他吃汪曾祺爱吃的过桥米线，然后约了几位文友，到琥珀书店二楼谈书论文。他很低调，少说多听。其实，他除了是汪曾祺的密友，以研究汪曾祺著称外，还是小有名气的小说家、散文家，但他对此闭口不谈。

去年 3 月的一天，我到北京鲁迅文学院进修文学评论，我是第一个到的，看到名单上居然有“苏北”的名字，一打电话，果然是他！他正乘坐高铁从合肥赶往北京，成为我的同班同学。

在校期间，我们除了谈沈从文、汪曾祺，会会文友外，去得最多的地方就是书店，三联书店、涵芬楼书店、万圣书园、西单图书大厦……我们两个都不爱网购，非要跑很远的路从书店把书一本本抱回来才有买书的快感。

5 月的一天晚上，他神秘地说，今天去吃汪曾祺的饭了！原来，他记得汪先生的忌日，约了几位文友去给汪曾祺扫墓。汪曾祺的儿子汪朗感动地说，你们不提醒，我们当儿女的反倒不记得了。扫墓回来，他们一行还到汪老生前住过的房子看了看，苏北来到汪曾祺的书房，物是人非，百感交集，他记下了汪曾祺大部分藏书的书目，后来写了一篇《汪曾祺的书单》，让汪迷大呼过瘾。苏北淡淡一笑，菌子消失了，菌子的气味飘散在空气中。

苏北与著名作家苏童喝酒谈小说。（苏北　供图）

离开北京的前一天，他看中了我买的一本李健吾写的《咀华集 咀华二集》，喜欢得不得了，一定要拥有一本。他让我陪他坐地铁赶往涵芬楼书店。我们迷路了，在大大小小的胡同里转了两个小时，才赶到目的地。一打听，书卖没了。苏北拉长了脸，一个晚上闷闷不乐。回到厦门后，我在整理书房时发现，我有一本另一家出版社出的《咀华集 咀华二集》！我把书悄悄地寄给他，他高兴了一星期，天天在微信上汇报读书心得。

在京时，我们为他的散文集《玻璃女孩》开了一场研讨会，我的建议是，苏北应该尽快摆脱汪曾祺的影响，写出自己的特点；另外一位同学说，苏北学习汪曾祺没学透，应该继续深入学习。苏北听了，神秘地笑了笑。

现在，他的 4 本新书出版了，他也痛快地接受了本报记者的采访。那么，对汪曾祺，他到底是应该摆脱，还是继续学习，大家可以听其言，读其书。

**谈汪曾祺：“汪先生在世时，我们对他的了解不多”**

记者：毫无疑问，在文坛上，您以资深汪迷著称，由汪迷而研究汪曾祺，并与汪曾祺私交极好，可否详细介绍这个过程？

苏北：我写汪曾祺的文章较多，书也出过两本，还有一本新书《湖东汪曾祺》（暂定名）也会在汪曾祺逝世 20 周年之前（2017 年 5 月）出版。我读汪曾祺的书大约在 20 世纪 80 年代初，首先是在《北京文学》等刊物上读到，那时我们县里几个青年一同学习文学创作。大家都说，这个汪曾祺，像我们家乡人，所写的事、所用的语言，都和我们家乡相近，后来知道他是高邮的，也就是我们的邻县，湖东（高邮湖）的，我的家乡天长县在高邮湖西边。后来我得到一本他的《晚饭花集》，喜欢得不得了，就用了一个夏天、一个秋天，抄在 4 个笔记本上，一个偶然的机会，听说汪曾祺在北京京剧院工作，一冲动，就给寄过去了。寄去也没有收到回信，很久没有消息，我也就忘了，估计不一定收得到。

1989 年我到鲁迅文学院进修，4 个月的短训班。那年 5 月，鲁迅文学院的第一个研究生班开班，这个班就是莫言、刘震云的那个班，在五楼的大教室（我住在大教室边上的 501 室），我见到一群人走了过去，一眼就见一个熟悉的背影，那不是汪曾祺先生吗？——我浸淫在他的书里，太熟悉他了。一打听，果然是的，他是来参加研究生班开班典礼的。我激动万分，一散会，我就走过去，拽住汪先生的袖子，我说我是天长的，曾给他寄过4个笔记本。汪先生这个人外表冷淡，内心极热。他到我的房间坐了一会儿，并没有表现出我抄过他的小说他很激动的样子。我又问了他一遍，他嗯嗯啊啊的，我不能确定，也就算了。就这样认识了，过几天，我就去了他蒲黄榆的家里，他对年轻人极好。从欢迎上门，到留饭，到给书给字画，这样一来二去，就是常客了，也慢慢熟悉起来。

结业后我回到县里，可是我们的联系并没有断，他还给我寄书，我偶尔到北京，也到他家里去过两次。1993年初，我又得到机会，借调到北京的报社工作，这一下方便了，去的机会就多了，也带过许多朋友去拜访他。后来我编报纸副刊一年多，这样更方便了，他给我们的报纸题过字、画过画、写过文章，对我的支持是有求必应。我们原来以为他身体很好，不会死，嘻嘻哈哈不太珍惜。

1997年5月，我到湘西采访，我的朋友龙冬给我打电话，说汪先生去世了，吓我一跳。从这个时候，我才反刍与汪先生的交往。也是从这一刻起，想起写一点儿汪先生的文字，这样一写写了20年，在全国，我“大约是最多的”（孙郁语）。从爱好者，到汪迷，到研究，一点点地深入，这么些年来，算是对汪先生有了一些把握。在《忆·读汪曾祺》之后，我的《湖东汪曾祺》，算是从一个“忆读者”到一个“有一点儿研究价值的”研究者。要说遗憾，就是他在世时，我们不能理解他，对他的了解也不多，没能更深入他的内心，做一些基础性的资料的积累。

**谈创作风格：“我追求文章之美，讲究韵味，写小人物小事情”**

记者：汪曾祺先生对您的影响，除了创作，还有哪些方面？

苏北：对我创作的影响，这可大了。就像家乡电视台采访汪曾祺，

苏北与宋智明逛万圣书园，邂逅宋智明读研时的任课老师。（宋智明　供图）

问他这一生谁对他影响最大，他想了一下，说，一个是他父亲，一个是沈从文，“就这么多吧”，他说。我的影响，主要是汪曾祺，可能还有一点加西亚·马尔克斯（在夸张变形的方面）。之后杂七杂八的书，不尽其数，也很难去叙述。我在鲁迅博物馆和北京市文联联合主办的“汪曾祺逝世 10 周年座谈会”上有一个发言，那个会铁凝也去了。我在发言里说，一是通过汪曾祺学习了创作的方法。二是通过阅读，长时间地浸淫，就不仅仅是学习创作了，他的作品，其实是影响了我的世界观、人生观以及审美观，而且学会了观察生活的方式。三是我体会到一个人对一个事物入迷是一件多么幸福的事情。一个人专注于一件事，时间就过得快，生活也较充实，而且总是感到生命不够用，有紧迫感。

记者：俗话说，见贤思齐，读一个人的书，肯定是不愿意当他的一辈子的粉丝的，还是希望在写作上闯出一条自己的路来，可否介绍一下您的小说散文创作经验？

苏北：刚刚过去的 2015 年，我出版了 4 本新书，一本随笔集《书犹如此》，三本作品精品集：《城市的气味》（散文集）、《秘密花园》（小说集）和《忆 · 读汪曾祺》。这大约是我 30 年写作的最精华的东西了，也可以说我的创作经验都在里面。我们每个写作者的创作都那么特别，方法和经验不尽相同。我的经验是从一个喜欢的作家的作品出发，以这个点，来带一个面，或者一根线。这样比东一头西一头靠谱些。当然，这个作家要足够优秀，值得你用一生来研究他；再一个你要真喜欢他，不是假喜欢。离开这两条，忙一生，也是白搭。我的创作，大约属于性灵一类的，不是大主题。追求文章之美，讲究韵味。写小人物、小事情、小情趣。大概是归有光的《项脊轩志》和张岱的《湖心亭看雪》一路的。或者是沈从文的《边城》、孙犁的《荷花淀》这一脉的。当然我很难达到他们的境界，但大致的路子是这样的。

**谈厦门印象："真羡慕厦门人，想做厦门人，写过散文《厦门小记》"**

记者：听说您来过厦门多次，请谈谈您对厦门的印象，特别是对厦门书店的印象。

苏北：我去过几次厦门，对厦门的印象好极了，真羡慕厦门人，想做个厦门人，但这辈子机会不大。我曾写过一个散文《厦门小记》：厦门就是一座大花园，鼓浪屿是花园中的花园。从渡船一脚踏上鼓浪屿，迎面一棵高大的凤凰木，树顶大片大片的红云，像洒了鸡血。造物主和大地，我深深地爱着你们。你为何如此神奇？

对厦门书店，印象最深的是一家叫琥珀的小书店。大学路上的这家小书店以卖文史哲类的旧书为主。书店两层，楼下满满当当图书，虽满满当当，可布置和收拾得很有情调。二层只一个大长条桌，可坐四五十人，专供清谈之用。墙边空隙处也做了些装饰，摆放一些版本书籍。我们上楼，就坐在这张长条桌前喝茶。大家于是团团坐下，边喝边聊，所聊无非文学，多是围绕沈从文和汪曾祺展开，话题漫漶。店主是一位年轻女性，她身上有一种说不出的味道，仿佛她走到哪里哪里就是一道光。她不时地过来续续水，也聊几句，可见来的人都是她的常客，非常熟悉的。从所聊之中，我知道她并非厦大毕业，仿佛学历并不是很高，可她却开了这么一个极有品位的书店，对阅读又是那么的有兴趣。我现在完全想不起来她的模样，可她的那股气质，她的笑，却清晰地印在我的心中。

### 苏北荐书

曹雪芹的《红楼梦》

鲁迅的《呐喊》《彷徨》

沈从文的《边城》《湘行散记》

汪曾祺的《晚饭花集》《蒲桥集》

加西亚·马尔克斯的《百年孤独》

特别推荐：

**阿左林（西班牙）《塞万提斯的未婚妻》**

这真是一本好书。是一本难得的好书。翻译者是戴望舒。译者的文学修养和文字水平让人敬仰。这本书写了一个西班牙小城的故事，有人说它是小品文，我认为是短篇小说。它充满了文章之美。学习写作从这本书开始是有福了。它的语言那么简洁、优美。文字、人物真诚。叙述那么平静、优雅。汪曾祺原来竭力推荐阿左林，可是原来很难见到这本书，现在由三联书店印出了，买来一读，喜欢得不得了。阿左林是一位培养作家的作家，刚开始写作从它入手算是走了捷径。

**萧红《呼兰河传》**

全书是一幅北方小城的风俗画。写这个长篇小说时萧红在香港，她才 29 岁。萧红 31 岁就去世了。这是一个天才作家。我看过萧红去日本在船上写给萧军的信，字也写得很漂亮。她一生命运多舛。这个小说在香港写当然比在家乡写好，文学有一个离间的效果。香港病困中的萧红，对家乡的思念是深切的。在遥远的地方回忆童年的故事是最恰当的。那一代作家多长于白描。对于汉语，白描是多美啊。这种美是无以言说的。

## 苏北日记摘抄

1989 年 5 月 24 日，星期日，北京

去拜访了汪先生，非常热情地接待了我，并在汪先生那里吃了午饭。他给了我一幅画，是一枝墨竹。画面上首，竹叶稀疏，叶片倒向一方，仿佛有风而过，瑟瑟有声。下首竹枝栖一小鸟。鸟墨色，回头后望，小眼有情。整个画面极清淡。未题款，只钤一印。

1989 年 7 月 2 日，北京

又拜访了一次汪先生，小雨，汪先生赠我一本《蒲桥集》，并留我吃了中午饭。他在《蒲桥集》的扉页上写道 ：“赠立新，汪曾祺，1989

年 7 月”。

我大约坐到两点半离开。

1993 年 12 月 18 日，北京

同王文媛到汪先生家。先生拿一瓶湖南吉首的酒给我喝（黄永玉设计的，后来知道是酒鬼酒），同时汪先生给我一幅画，是一枝花，汪先生题了“苏北搜得旧作。”汪先生说，一个老人说人生有三乐：一曰喝酒，二曰穿破衣裳，三曰无事可做。

1993 年 12 月 28 日，北京

昨天同谢芸在汪先生家，汪先生在家煮什么东西，有点儿怪怪的味道。师母说：老汪在煮豆汁。她说：“我们一家子都反对，你去闻闻，又臭又酸。”汪老头说：“我就爱吃。”又说：“梅兰芳那么有钱，还吃豆汁呢！”

采写：《厦门日报》记者 宋智明

时间：2016 年 2 月 15 日

第十一篇

# 元山里子：把中国美好的文化呈现给下一代

## 名片

元山里子，原名李小婵，出生于鼓浪屿，后留学日本。日本女作家，自由撰稿人。曾出版日文处女作《XO酱男与杏仁豆腐女》。在海外中文网家史征文活动中，以《三代东瀛物语》获得一等奖。

徐迟的《哥德巴赫猜想》一出，大家认识了陈景润；元山里子的《三代东瀛物语》问世，大家发现了李文清，优秀文学作品影响之大，可见一斑。巧的是，两本书都有浓厚的纪实色彩，更巧的是，两本书的主角都是数学家，李文清还是陈景润最认可的大学恩师。

《三代东瀛物语》曾获海外中文网家史征文活动一等奖，花城出版社慧眼识珠，花了3年打磨推出。读完全书，厦大校友、名嘴杨锦麟情不自禁写道："作者中日文俱佳，文笔朴素流畅，大时代每个家庭的故事都有自己的悲欢离合酸甜苦辣，如熊培云所说的那样，一切国史都是人的历史，百年家史，如泣如诉，但只有温暖、爱、隐忍、宽恕和感恩，没有怨恨也没有抱怨，实在难得。每个有写作能力的人都应拿起自己的笔，写出自己家族真实的历史，也许我们以及我们的下一代要补的历史课就会少了很多，而历史的面貌也会因此清晰很多。"

11日和12日，《三代东瀛物语》的作者、李文清的女儿元山里子携新书回到厦门，在外图书城和虫洞书店办了两场新书分享会，受到广大读者的欢迎。据介绍，元山里子原名李小婵，是一位中日混血儿，父亲是我国著名数学家、教育家、厦门大学退休老教授李文清，母亲是日本人，李小婵从小在鼓浪屿长大，后留学日本。

在接受本报记者采访时，元山里子说，厦大教师、我的台湾研究所同事郑启五说我有三个身份：第一个是李小婵，厦大名教授的女儿；第二个是元山里子，中日双语作家；第三个是山里子，网络写手。其实，我最喜欢的一个身份是：鼓浪屿的女儿！我是一个中西合璧的人，今天

“鼓浪屿的女儿”小婵带着新书回到琴岛。（林宋瑜　摄）

回到中西合璧的岛上。我所取得的一点儿成绩，离不开厦门，离不开鼓浪屿对我“润物细无声”的培养。

**谈陈景润：对传统文化“爱惜人才”“培养人才”的传承**

记者：毫无疑问，本书的亮点之一是李文清与陈景润的师生情谊。李文清对陈景润的无私帮助和大力扶持是对中国传统文化中“爱惜人才”“培养人才”美德的传承，那么，您的父亲李文清这种思想的形成，和他的自身经历有关吗？李文清对陈景润的栽培，具体表现在哪些事情上？您见过陈景润吗？

元山里子：读私塾时，父亲的外公是老师，不收他的学费，外公有三个儿子不教却教我父亲，就是认为自己的儿子不是读书的料而父亲是。读中学时，父亲结识了一位同学的父亲施享伍，这位银行家赏识他的才华，认他作义子，又资助他到日本留学，都是出于中国传统文化中的“爱惜人才”的美德。父亲知恩图报，后来也继承并传承了这一美德。

陈景润于1950年考入厦大，而父亲也是1950年到厦大任教的，所以陈景润是父亲的第一批学生。当时班上只有4名学生。当父亲引导他们攻克哥德巴赫猜想时，其他3位学生不以为然地笑了，只有陈景润没笑。陈景润后来说，就是听了李文清老师的这次课后，他立志要去摘取这颗数学皇冠上的明珠。毕业后，陈景润分到北京四中教书，因为口才不好回到厦大数学系资料室工作。他经常向我父亲请教。父亲推荐他读华罗庚的《堆垒素数论》。父亲见他有创造性的天才，而且有刻苦钻研的精神，就向校长王亚南反映，把陈景润从资料室调到数学系任助教。陈景润把《堆垒素数论》读了近30遍，终于发现有一个地方可以修改，于是写成论文《他利问题》。父亲惊喜陈景润的重大突破，马上把这篇论文推荐给当时中国数学研究所的副所长关肇直。关肇直看了论文也十分惊喜，马上把它推荐给所长华罗庚，华罗庚读完论文，直接邀请陈景润参加1957年举行的全国数学论文交流大会。

华罗庚看上陈景润这个人才，主动把他从厦大调到数学所。成名后，陈景润经常与我父亲有书信来往，每发表一篇论文都要寄给我父亲，在论文的扉页上工工整整地写上“尊敬的李文清老师，非常感谢我师长期指导和培养。学生陈景润敬礼”。

1981年，厦大举办建校60周年校庆，陈景润作为特邀嘉宾前来参加校庆。他没有忘记到我家来拜访。我那时在厦大读书，得知这位名人

元山里子接受《厦门日报》记者宋智明的采访。（水静　摄）

来我家，赶紧拿出当时最好的笔记本，请陈景润签名留言，他欣然写道："小婵同志，祝您在学习等方面有更大的进步。陈景润 1981 年 4 月 8 日。"

2006 年厦大 85 周年校庆时，校方在数学科学学院所在的海韵校区为陈景润立了一座铜像和一面纪念石碑。立在铜像旁的背景是陈景润的手稿，灰白色字体是一封信，金色字体是他研究课题的部分草稿。据厦大教师郑启五考证，这封信正是陈景润写给李文清的亲笔信！师生的情缘历久弥新。

记者：日常生活里，父亲给您较深的印象有哪些？

元山里子：印象中，父亲常年就是在书桌前演算数学题，备课、写论文和看书。他是一位单纯的学者，从来不管厨房的事。吃饭对他是很好的休息，他会从书架上取下一本英文小说（比如英译的托尔斯泰短篇小说《上帝看到真理，但是等待》等）念给我们听，有时也给我们讲讲中国古代哲学，但他从来不讲数学。他的业余爱好是下围棋，有时找对手下，更多时候是自己一个人下，下得不亦乐乎。下了几个钟头后，眼前老是印着满满的白点点和黑点点，他会来到自家种的两排万年青前，左看右看，好象永远看不够，原来，他在养眼睛呢。

### 谈鼓浪屿：美的风景和快乐生活让我的心灵充满阳光

记者：您出生在鼓浪屿，在黄家花园和日本领事馆旧址都住过，一直到 28 岁才离开。您怎么看鼓浪屿的这段生活？琴岛文化对您的影响有哪些？

元山里子：那些年，鼓浪屿是一个特殊的岛，是中国少有的“世外桃源”之一。我们家在“反右”以前从厦大宿舍搬到鼓浪屿，当时鼓浪屿人口大约两万人，三家中有两家有海外关系，其中大部分人靠海外寄来的汇款即“侨汇”生活。在这个一个大背景下，鼓浪屿成为那时中国一片红色海洋中奇迹般的“异地”，文化生活很丰富，外国小说、钢琴、小提琴、基督教和天主教并行不悖。“文革”中，鼓浪屿相对没有内地那样的斗争火药味。因为这里大家都是小资，也就无从谁批斗谁了。像母亲这样与日本和台湾都有关系的身份复杂的人，在岛上根本不算是有大问题的人。我们一家人也就安然度过那段特殊岁月。鼓浪屿的风景很美，沙滩上留下了我们太多童年欢快的足迹，长大后这段生活成为遥远而美丽的童话。美的风景和快乐的生活让我的心灵充满阳光，对美的事物比较敏感。小时候从同学家借画有童话的小人书看，看完就给邻居的小孩讲故事，两遍三遍地讲，有时还加上自己的发挥，体会到讲故事的快感，表达能力和想象力得到初步的训练。

**谈新书：把口号化为生动的细节**

记者：您在日本学的是服装设计，后来从事的也是与之有关的工作，您是怎么拐到文学这条道路上来的？为什么想到写这本书？

元山里子：写这本书是反哺。我在日本学的是服装设计，先是在别人的服装公司当高级打工仔，后来自己创办了服装公司，收入还不错。时间一久，悠闲之余觉得生活很单调，就想做点儿有意义的事，于是想到写作。2002 年写了一篇言情小说，反响不大；2010 年开始写《三代东瀛物语》，一天写 500 字，写完马上在网上发表，可以收到读者的反馈，边写边改，有人关注，写得很开心，就这样写了一年。后来就投稿参加海外中文网家史征文活动，获得一等奖。写作辛苦而孤独，看不到什么回报。在日本生活，深深觉得应该把中国美好的文化呈现给下一代学习。今年 1 月，一位女记者教我使用微信，我们加了好友，平时也没联系。有一天，她忽然发来一则微信：读完您的书的最后一页，我把女儿叫来，郑重地把书交给她，对她说，请认真读一下这本书，你可以得到智慧和为人处世的启发，这正是社会对一本书的要求。看了这条微信，我的眼泪一下子流了出来，这正是我写这本书的初衷啊。

记者：本书细节丰富而生动，语言画面感强，是有师承还是有意的追求？

元山里子：我在大学学服装设计，里面有一门服装杂志编辑课，其中有作文课，我记得印象最深的有一条，要打动读者最简单的办法就是讲细节。比如说谈恋爱，两人一起吃拉面，男友爱不爱你，就看他肯不肯喝你喝剩下的拉面的汤。我写小说不喊口号，我把口号化为细节。至于画面感强，这是我的“小骄傲”：我认为我的故事一定会拍成电影电视剧，我就不想让导演太辛苦，我直接展现一个个画面好了，对话也比较讲究。

**谈围棋：不执着于胜负，而着重于下棋本身**

记者：围棋在书里占了不少篇幅，您父亲因为围棋下得好，结交了同样会下围棋的义父施享伍，在日本读书时又因下棋认识了著名的中国古代史专家、在甲骨文和金文方面有较高诣的学者贝冢茂树，人生变得更加丰富多彩。您对围棋智慧怎么看？

元山里子：父亲教会我哥哥和姐姐下围棋，“文革”一来，我和妹妹就没的学了。听父亲说，他在日本留学时与贝冢茂树下过棋，贝冢说父亲的棋不执着于胜负，而是着重于下棋本身。父亲回答说，这是我外公教我的，他教我下棋时要有虚怀若谷的心胸，眼中无棋，心中有棋，这是我们国家先哲老庄之道。父亲选厦门大学不选清华大学，选鼓浪屿不选厦大校内，围棋的思维起了一定作用。听郑启五老师说，当年下棋最好的三位老师是李文清、顾继业和田昭武，他们经常在一起下棋，顾田两家是邻居，经常棋没下完吃饭的时间到了，两人拿报纸把棋盘盖上，吃完饭继续手谈。田昭武院士对郑启五说，李文清的棋很有特点，双方你死我活激战正酣，他已经占据优势，可是他忽然转身退到另一个角落下子，局后证明，他的选择是对的！

记者：最想对现在的年轻人说什么？

元山里子：自己想要走什么路，不管前方有无阻碍，坚持走下去就是胜利！

花絮

## 长寿秘诀是四个“三”

李文清教授今年一百岁了，身体硬朗。据元山里子介绍，他的长寿秘诀是四个“三”，其中包括：“三吃”：每天吃三个鸭蛋、三个西红柿（生的）和三个小馒头；三“不吃“：不吃巧克力、不吃猪肉、不吃鱼。60岁后，他以素食为主。他说，饮食因人而异，仅供参考。80岁后，他起床很慢，但坚持自己慢慢起来，婉拒家人来扶，他说，你们一扶，我很快就起不来了，慢慢起来，各部分关节配合活动，是一种很好的锻炼。

新书简介

《三代东瀛物语》讲述了一个家族的百年历史，主角是作者的父亲李文清。李文清是我国著名数学家、教育家、厦门大学退休老教授，是著名数学家陈景润最为认可的大学恩师。从偏僻的农村到县城；从私塾、新学堂到名牌大学；从中国到日本，又回到中国，李文清是中国传统文化中“珍惜人才”“培养人才”美德的受益人和践行者。李文清教授也是智者，在风云莫测的时代浪潮坚守书桌，专心学问，终成学贯中西的大学者；以大智慧保护家庭，与日本妻子相濡以沫，孝悌怜子。

采写：《厦门日报》记者　宋智明

时间：2017年3月12日

第十二篇

# 谢泳：对“人”没有兴趣，书再热我也不关心

名片

谢泳，1961年出生，山西榆次人。1983年晋中师专英语专科毕业后留校任校刊编辑。1985年调入山西省作家协会《批评家》杂志社任编辑。1990年后在山西作协理论研究室从事研究工作，后任山西作协《黄河》杂志副主编。2007年5月调入厦门大学人文学院中文系。

著有《思想利器——当代中国研究的史料问题》（2013年）、《往事重思量》（2013年）、《中国现代文学史研究法》（2010年）、《储安平与〈观察〉》（2004年）和《西南联大与中国现代知识分子》（1998年）等书。

谢泳在厦大主要教授过的课程：《中国现代文学史》（本科生）、《中国现代文学史料概述》（硕士研究生必修课）、《钱钟书与〈围城〉》（硕士研究生选修课）、《王瑶与中国现代文学学科之建立》（硕士研究生选修课）、《胡风研究》（硕士研究生选修课）。

2007年，厦门大学决定聘任只有专科学历的谢泳为该校文学院教授，这一破格之举一时传为美谈。9年过去了，谢泳先生在厦大的教学工作开展得如何，能否适应厦门的生活，一直是大家关心的。前天，接受本报记者的采访时，谢泳感谢大家的关心，他说，教书，研究，写作，日子平淡而充实，旧作不断再版，平均两年出一本新书，没有什么不满的。在厦门交到一些有趣的朋友，时相过从，厦门虽非故乡，可是在此生活，并不寂寞。

因为平民性格和真性情，谢泳愿和任何有趣的人交往。对于陌生人的请教，他一般来者不拒。他身在校园，却愿意与校外的作家交往。几年下来，他拥有近二十位比较固定的作家朋友。他们平均一个月会聚上一次，谈书论文，交流茶艺，有时也喝喝酒，谢泳的酒量不错。

谢泳先生成名早，海内外的文友多。这些文友来厦门旅游或访学，总要拜访他。与众不同的是，谢泳先生喜欢把这些大名鼎鼎的文友介绍给厦门的文友，让厦门文友大开眼界的同时，接受思想的熏陶，比如，陈漱渝先生、陈子善先生、秦贤次先生、陆文虎先生、郜元宝先生、张蔓菱先生、刘红庆先生……

谢泳喜欢淘书，他更欣赏那些原始的文史资料，有时，为了心仪的资料，可以一掷万金。但他不迷书，每出新书，总要送人几十本，手头的藏书，若有文友特别需要，他会大方地送出，比如，他就送给平和林语堂文学馆好几本珍贵的与林语堂有关的初版书。

因为名声在外，谢泳经常被外面的大学请去演讲。他的口才之好是众所周知的。厦门的一些机构请他演讲，虽然报酬远低于外地，但只要

谢泳在讲课。（朱毅力　摄）

他有空，都会欣然接受。至于为厦门文友的新书写序或“站台”，对他更是家常便饭，而且不收分文。

不止一位文友说，厦大引进谢泳，是厦门读书人的福气。言下之意，受益的不仅仅是厦大，更是整个厦门。

**谈学术 :《陈寅恪晚年诗文本事考》将出版**

记者 : 除了《观察》、西南联大和自由知识分子研究之外，这几年您研究的重点有哪些？

谢泳：我初到厦门的几年，主要精力是教书，因为我过去不在大学里，所以有个集中精力适应的过程。后来我的主要工作就是研究了。上课时间不多，现在可以说是无课一身轻了。说实话，有一种特殊的幸福感。我是喜欢专注于一事的人，事情多了，头绪比较乱，有些事反而做不好，单做一事，比较从容。

另外，我也有一些社会活动，比如每年总要到外面大学做几次演讲。《观察》杂志和西南联大是我早期的研究方向，到厦门后，因为教学的关系，我的主要研究是中国现代文学史方面，是属于方法论的研究。2010 年，我的讲义《中国现代文学史研究法》由广西师大出版社出版，很受现代文学专业方面研究生的欢迎，因为这本书大体梳理了相关研究领域的研究方法，特别是搜集史料的方法，今年将要再版。

鲁迅在心情灰暗的时候，喜欢抄古碑和收集汉画像，看似余事，其实背后有他特殊的心绪。我这几年主要读了一些古书，特别读了陈寅恪的书，我近三四年发表的主要是这方面的文章，我已写完一册《陈寅恪晚年诗文本事考》，今年可能会印出来。

另外由我和蔡登山先生主编的《中国现代文学史稀见史料丛书》共十大册，今年会全部出齐。这套书前后用了近十年时间搜集史料，不用国家一分钱，全部是此前没有被广泛注意到的与中国现代文学史相关的史料，很受国内外研究者的欢迎，在近年来本专业领域的硕博士论文写作中，是引用率极高的史料文献。

记者：这几年，您有哪些著作出版或即将出版？涉及哪方面内容？

谢泳：到厦门后的这几年，除了《逝去的年代》《西南联大与中国现代知识分子》《教授当年》等书再版外，我还出版了《靠不住的历史》《书生的困境》《厦门集》《思想利器》《往事重思量》《网络时代我们如何读书》《现代文学的细节》等学术专著和随笔集，主要涉及中国现代知识分子和现代文学史料，也有一些针砭时弊的文章，但相对来说主要还是学术性的著述，这可能和年龄有关，年龄愈长，愈有“百无一用是书生”之感，青年时代的热情基本退却，用不了几年就退休回家了，只能以学术来了此残生。

## 谈创作：准备为厦门名医吴瑞甫作传

记者：来厦门快 9 年了，您对厦门也有较深的感情，不知对厦门的地方文史有哪些深入研究？据说您淘到一位本地名医的一批书信，想为他写一篇小传，进展如何？

谢泳：我在山西的时候，喜欢搜集山西地方文献，到了厦门就搜集厦门地方文献，因为自己对文史有一点儿无功利的兴趣，所以这方面也有收获。我曾得到过一套极为珍贵的地方文献，我以后再细讲，留一点儿悬念。

近年我比较留意厦门近现代的诗文集，如谢云声、苏警予、翁吉人、李禧、罗稚华等，我以为厦门现代诗人中有些人的文坛地位可能被低估了，比如谢云声，他的旧诗、书法和民俗研究工作以及他和郁达夫等文人的交往等，在中国现代文学史上应该有地位，他 1959 年和李冰人合编的《郁达夫纪念集》保存了很多极为珍贵的史料，还没有引起研究者的特别注意。

你提到的这位中医是吴瑞甫，厦门最有名的中医，如果近代以来福建数十个最有名的中医，我以为应该有吴瑞甫。我已基本搜齐了他的全部著述，希望以后有可能为他编一部年谱。你提到的他的书信，也是我偶然看到的。我对吴瑞甫本来不熟悉，但看到那么珍贵的书信不被人重

谢泳与宋智明在闲谈。（杨红　摄）

谢泳介绍两位围棋高手与宋智明认识。（宋智明　供图）

视，感到可惜，我也劝本地一些文史专家搜罗这些书信，但没有引起重视，最后还是自己下决心买下。这批书信，主要是抗战后期吴瑞甫在南洋写给家人的书信，有大量涉及当时厦门社会情况以及与各方面交往的史料。吴瑞甫本人是清代最后一科举人，书法也相当出色，以后我会把它整理出来。

**谈读书：这两年所读之书以旧书为多**

记者：这两年您读过的书，有哪几本给您留下深刻印象？

谢泳：虽然天天都在读书，但这两年读的书以旧书为多，新出的书也多是留意学术方面的，而且个人的阅读趣味相对偏窄，留下深刻印象的一时还想不起来。过了五十岁后，我看书一般先看"人"，如果对"人"没有兴趣，书再热我也不关心，以文史方面论，我以为书还是旧的好。

采写：《厦门日报》记者 宋智明

时间：2016 年 1 月 23 日

第十三篇

# 钱理群：要重新认识脚下的土地

名片

钱理群，1939 年 1 月出生于重庆。北京大学中文系教授、博士生导师，现已退休。主要从事中国现代文学与 20 世纪中国知识分子精神史的研究。代表作有《心灵的探寻》《1948：天地玄黄》等，并写有《压在心上的坟》等思想随笔。近年关注中学语文教育，著有《语文教育门外谈》等专著。

“钱理群要来厦门了！”当这一消息传来时，不少“钱迷”的心情无比激动。是啊，20 世纪 90 年代初钱理群的那本研究鲁迅的力作——《心灵的探寻》给了多少青年学子以思想的力量和生活的信心！此后，他的每一本学术著作和思想随笔，都会在青年们的心底掀起波澜。

钱理群此次是应邀前来参加孙绍振语文教育思想研讨会暨闽派语文论坛第一届年会的。17 日晚 8 时，听说钱理群先生已经来到厦门，本报记者立即赶到他下榻的白鹭宾馆。这位学富五车但平易近人的学者不顾旅途劳顿，欣然接受了本报记者的采访。

**“我一直在找你”**

记者宋智明是个超级“钱迷”，十年来逢钱理群的书必买。今年 9 月的一天，小宋竟然梦到钱理群，为的是到梦中向他购买一本久觅未得的书。后来，小宋还把这个梦写了出来，以《梦遇钱理群》为题用笔名北宋发表在《厦门日报》读书版。昨晚，当小宋把刊发这篇文章的《厦门日报》送到钱理群先生手中时，钱先生惊喜地说：“你就是北宋啊，我一直在找你，没想到你上门了！”

原来，《厦门日报》刊出的这篇文章，钱先生的得意门生吴晓东在日本上网时读到了，把这篇文章转发给了钱先生，钱先生读后很感动，就一直想与“北宋”联系，并打算把“北宋”苦苦寻找而未得的那本《大小舞台之间——曹禺戏剧新论》送给他。这回“北宋”“主动送上门来”，正好圆了钱先生的心愿，他表示回去后一定把书寄来。灯光下，钱先生

钱理群激情澎湃的“鲁迅研究”让现场听众大呼过瘾。（郑宪　摄）

不厌其烦地为宋智明带来的十来本钱著签名，宋智明恍然如在梦中。

**回到古代沉入民间**

钱理群先生是研究鲁迅的专家，针对目前浮躁的学风，他大力推荐鲁迅“沉潜十年”的做法。钱先生认为：鲁迅沉潜十年，做了两件事，一是“回到古代”，二是“沉入国民”。“回到古代”就是“回到传统”，了解优秀的传统文化，而又能进行新的创造；“沉入国民”就是要到民间去，认真了解中国的现实，发现问题，有所作为。

“我们应该重新认识脚下的土地，在全球化的背景下，青年人对土地有了陌生感和疏离感，他们是无根的一代。人有两种生存状态，一是漂泊者，那就是到国外去或者从农村到城里的，二是固守者，守在中国、守在家乡，这两种生存状态是人类共同面对的问题。全球化背景下，这两种人的内心矛盾更为尖锐，危机也更为明显，因为这是一个'根'的问题，漂泊者容易失去'根'，而固守者如果在怨天尤人中混日子，同样也失去了'根'，与其这样，不如铁下心来做点儿事业，还能找到'根'的感觉。"钱先生语重心长地说。

### 中学应成为精神家园

钱先生除了做学问外，还把很多时间和精力用在中学语文教育改革上，这是因为他比别人更强烈地意识到中学对一个人一生的重大意义。"中学阶段应该培养学生的两个底子，一是终身学习的底子，如果中学时期能够教给人好的学习方法，奠定终身学习的底子，会让人受益无穷。二是精神的底子，就是培养起对人类终极关怀的底子，能够不计功利地做一番事业。"

钱先生对部分年轻人不重视汉语的学习忧心忡忡。不过，钱先生对中国诞生理想主义者还是很乐观的，他的乐观源于老祖宗留给我们的三大财富：一是人口多，理想主义者所占比例虽小，但整体的人数却多；二是地方大，东方不亮西方亮，"南京不让我去搞语文教育改革，这就到福建来"；三是中国传统文化历史悠久。

### 打算开四大选修课

现在一些地方的高中已逐渐盛行开选修课，而钱先生是为中学语文

钱理群与宋智明神交已久，一见面就有说不完的话。（郑宪　摄）

教育改革而到厦门来的。钱先生说他提倡开四大选修课：一是《论语》和《庄子》，这是中国传统思想的源头；二是唐诗，这是中国文化最高峰的典型代表，体现了最健康的青春时期的文学；三是《红楼梦》，这是一部大百科全书式的作品，是对中国传统文化的总结；四是鲁迅，他是一位把传统文化和现代精神很好地融合在一起的作家。

关于鲁迅，钱先生的《中学生鲁迅读本》已经出版，其他三门，钱先生正在物色人选来编，不过他说很难找到合适人选。他曾经请王蒙来写《红楼梦读本》，王蒙的回答是："这事很好，可我没时间啊。"

采写：《厦门日报》记者 宋智明 年月

时间：2004 年 12 月 17 日

# 钱理群：来厦寻求精神支援

18日上午，钱理群、孙绍振和陈日亮进行了一场关于语文教育的高端对话；18日下午，钱理群神采飞扬地亮出了拿手好戏——讲鲁迅。关于中学语文教育的现状和未来，关于初露锋芒的“闽派语文”，关于如何理解作品，关于对事业的献身精神，关于如何阅读鲁迅，钱理群先生娓娓道来，他是那种把生命融入研究对象的学者，所有的观点经他热情洋溢的阐释，是那么的富有感染力，令人不由得一次次击掌叫好。

“我于2002年8月退休后，定了两条工作原则：一是想大问题，做小事情；二是多做事，少开会。”为什么到厦门开会呢？钱理群说：“一是孙绍振是我的学长，学长有令，学弟不敢不从；二是我对教育现状常有很深的忧虑，这次想来寻求精神支援，希望有理想、有作为的人士与我携手同行。”

## “闽派语文”可以有大作为

来厦门之前，钱理群突击读了一些孙绍振关于中学语文教育的著作，认为提倡“闽派语文”，应该注意加强语文教育体系的建立。具体体现在以下四个方面：

一、要建立属于中国自己的汉语教育体系；二、树立语文教育是一门科学的观念。语文教师是专业工作者，不是随便什么人都能当的；

三、要重视教师的教育。教育改革成败的关键在于第一线的教师，一定要把他们的积极性调动起来；四、既然是一个派别，一定要培养自己的独特个性。

## 直面作品　热爱读书

钱理群认为，中小学教育的一大失误是教师把充满无限乐趣的阅读变得枯燥乏味。这牵涉到教师直面作品不够、解读能力欠缺的问题。把作品读透，应是教师的天职。要成为一名优秀的语文教师，必须是一个有思想的人，一个可爱的人，特别是一个杂家。钱理群认为语文教师成为一名杂家极为重要，杂家意味着喜欢读书，掌握的知识杂，杂之后才能读通文本。钱理群还传授给大家一个有效的读书办法：读作品时不要看参考书，也不看注释，你就直接面对作品，一遍遍地读，注意抓住作品中的关键词，一有想法，赶紧记下来，对作品的理解才能由浅入深。

为了加深对作品的理解，带领学生进行朗读非常重要，纯粹的朗读，不做任何分析。因为汉语的微妙处是无法分析的，只有朗读才能品到文章特有的那个味儿！钱理群在南京师大附中任教时曾带领学生一起朗读《野草》里的《雪》："在无边的旷野上，在凛冽的天宇下，闪闪地旋转升腾着的是雨的精魂。"钱理群先读一遍，然后叫学生一起读。而且他还告诉学生："你们应该喊！不是读，是喊。你们叫，我也叫。"当时，全体学生老师一齐在课堂上叫，叫得学生热血沸腾，终于感受到了语言背后的魅力。

## 为学生提供美好的精神家园

钱理群一再声明，作为一个专业研究者，不到中学里生根一切努力都是白搭。他认为专业研究者要为中学教师和中学生多写文章，做些辅助工作，努力使自己的研究成果为他们所用。在中学语文教育上，他决定把自己从思想者变为实践者，而且要下定决心，介入到底。他最欣赏的是乡村教师的工作，他们在提高基层人民素质方面应有大作为。他号召更多的青年到农村去，为人们带去更多的精神食粮。

钱理群感慨地说，为小孩子做点儿事比什么都实在。一个人的童年拥有美好的记忆会让人受用终身。教师应该努力为学生提供美好的精神家园，这样，学生今后无论从事什么工作，都会记住生命里最初的感动。

## 中学生接近鲁迅的捷径

今年三四月份，钱理群与南师大附中的老师一起进行了中学选修课的实验，开设了一门“鲁迅作品选读课”。只有40天，面对高一高二的60名学生，具体的课该怎么上？钱理群决定把课设计成一个过程性的学习，因为学生学习鲁迅、接近鲁迅有一个过程，必须分四个阶段来完成：感受、阅读、研究和言说。

感受鲁迅。讲解《五猖会》、《父亲的病》和萧红的《回忆鲁迅先生》，分析其中的“父与子”的命题，先让大家认识人之父的鲁迅，后让大家认识人之子的鲁迅，然后启发学生关注现实生活中的“父与子”关系，拉近了学生与鲁迅之间的距离。另外，通过朗读《社戏》，让学生进入梦幻的境界，进一步领会鲁迅语言之美，促成青少年和鲁迅的心灵沟通。

阅读鲁迅。“每一堂课我都要把你们带到一个非常亲切、非常有趣的地方去，我希望你们带着好奇心、带着游戏的心态来听下面的课。”钱理群上课时总会这么“诱惑”学生。他讲鲁迅笔下的动物、鬼、神、火、雪、画……从这些学生熟悉的领域讲起，这是鲁迅内心光明的部

钱理群接受《厦门日报》记者宋智明采访后与读者合影。（绍坚　摄）

分。然后再讲鲁迅内心黑暗的部分：中国人从来没有挣到“人”的价格；国民劣根性；“聪明人”太多，“傻子”太少……

研究鲁迅。钱理群鼓励学生大胆研究鲁迅：研究鲁迅是我们每一个人的权利，也是中学生的任务，鲁迅不能为少数学者所垄断；鲁迅的研究是没有止境的，鲁迅是可以常读常新的。

言说鲁迅。钱理群一再提醒学生，鲁迅越伟大越强大，你越要保持自己独立的人格，与他展开平等的“对话”。他出的考试题目是：“我的鲁迅观”，并宣布评分标准：说真话，包括拒绝、批评鲁迅；讲出充分道理；要有创造性。最后一堂课，钱理群让学生发表演说，讲他的鲁迅观，学生讲得眉飞色舞，头头是道。最后，师生一起开了一场晚会——“与鲁迅相遇”。钱理群出了一系列表演题目，比如把《示众》和《奔月》改成戏剧，由学生来表演，还有很多学生朗读，最后由钱老师朗读。

花絮

## 师生一别19年　记者牵线重聚首

“谢谢你的牵线，我们在分别19年之后又见到了钱理群老师！”曾焕然先生激动地说。

1984年，华侨大学与北京大学合办的中文系成立。一时间，一大批北京大学的优秀教师南下讲学，钱理群老师也在南下教师的行列，他为学生开设了现代文学课。曾焕然有幸听了一学期钱理群老师的课。据了解：当时钱老师对学生非常热情，学生很爱跟他交流。

1985年，曾焕然从学校毕业，钱老师也回到北京，两人一直没见过面。后来，曾焕然到菲律宾经商，事业发展得不错，这一两年经常来厦门考察。18日上午，他从《厦门日报》上看到钱理群来厦的报道，欣喜若狂，赶紧拨打日报的热线电话，要到记者的手机号码。“我是钱理群的学生，周一就要回菲律宾，请你帮一下忙，让我见见钱老师。”曾先生焦急地说。记者约他下午2点到厦门艺术剧院来，因为钱老师要在那里讲鲁迅。

年过40的曾焕然坐在听众席上，心情十分激动。“19年没见了，不知道他还认不认得我？”曾焕然说。当师生的手握在一起时，曾焕然的担忧烟消云散。“你是曾焕然吧？其他几位同学都在哪里工作？”钱老师亲切地问。

“钱老师，我们几位都没有从事文学，您不会责怪吧？”曾焕然说。“干什么不重要，堂堂正正做人就行。”钱老师爽朗地说。

18 日晚 8 点，曾焕然约上 5 位在厦门工作的钱老师的“老学生”，前往钱老师的住处聚谈。“钱老师一点儿没变，满腔激情，待人热情”，曾焕然在电话里对记者说，“虽然只聚了一个小时，但我们很满足。”

## 最有意义的生日礼物

“你就是在梦中向钱老师购书的宋智明？”坐在我身边的一位语文老师诧异地问。我点点头。她告诉我刚刚看完《厦门日报》的那则报道，不知为何，有点儿想哭。“年轻人，你的经历让我明白，世上真有‘精诚所至，金石为开’这回事。”

我的书架上整整齐齐地排着钱理群写的 18 本书：《心灵的探寻》《周作人传》《与鲁迅相遇》《学魂重铸》《人之患》……从 1993 年算起，11 年了，只要钱理群出了新书，我都要想方设法买到。读钱理群的书是永远不会让人失望的：那烈酒一样的文字，火一般的激情，呼唤读者参与的热情。钱理群的每一本书我都读得很细，甚至记得他的话：“把我当座桥，从我这里直抵鲁迅的著作，盼望你早日过河拆桥。”这是怎样的一种胸怀！毫不夸张地说，钱理群就是我的一位老师。我非常羡慕北大中文系的学生，因为他们有机会听到钱理群激情澎湃、原汁原味的“鲁迅研究”。我从一些书上看到钱先生的光辉形象，老在盼望着有一天能够握住他的手，当面听他讲讲鲁迅。“日有所思，夜有所梦，”今年9月23日凌晨一点钟，我终于见到了钱先生，当然是在梦中了。醒来是一阵阵惆怅，不知何时才能在现实生活中见到钱先生？

17日晚上8时30分，我终于在白鹭宾馆的一间客房里见到了无比真实的钱先生，一切恍然如梦。我像刚进校门的学生那样，兴奋地让他在十来本钱著上签名。跟想象中的一模一样，钱先生笑容可掬，谈锋甚健，一见面，就跟你说些掏心窝的话。18日下午，在厦门艺术剧院，我终于听到了钱先生激情澎湃、原汁原味的“鲁迅研究”。与纸上的“鲁迅研究”相比，回荡在艺术剧院里的现场演讲更为震撼人心！

在陪钱先生回宾馆的车上，他对工作人员说：“明天我不去游览了，我要坐在参加研讨的老师中间，我不说话，只想听听他们心中的酸甜苦辣！”我的心头一震：钱先生怎么也跟鲁迅一样，只对事业有热情，对美丽的风景无动于衷呢？

我和一位搞生命化教育的林老师一道，在宾馆里又与钱先生交谈了两个小时，“我还要认认真真地写五本书！”钱先生说，“年轻人，任何时候都不要怨天尤人，要像鲁迅那样，埋头苦干！”

今天是我的旧历生日，我把钱先生的这句话当作是我最有意义的生日礼物！谢谢您，钱老师！

采写：《厦门日报》记者 宋智明

时间：2004年12月18日

第十四篇

# 陈漱渝：要读懂鲁迅，一定要了解中国近现代史

名片

陈漱渝，男，1941年出生于重庆，祖籍湖南长沙。1962年毕业于南开大学中文系，系中国作家协会全国委员会名誉委员。曾任中国人民政治协商会议第九届、第十届全国委员会委员，全国政协文史委员会委员，中国鲁迅研究会副会长兼秘书长，鲁迅博物馆副馆长兼研究室主任。专著有《本色鲁迅》《搏击暗夜——鲁迅传》《往事并不纷纭》《炉边絮语话文坛》《沙滩上的足迹》等20余种，编有《一个都不宽恕——鲁迅和他的论敌》《谁挑战鲁迅——新时期关于鲁迅的论争》等数十种书籍。

今年是鲁迅逝世80周年。鲁迅的文化遗产是中华民族的精神财富，也是属于全人类的共同财富。著名鲁迅研究专家、原鲁迅博物馆副馆长兼研究室主任陈漱渝应邀来闽做一系列关于鲁迅的演讲：6日，他在漳州平和讲《林语堂与鲁迅》，7日，他在厦门大摩纸的时代书店讲《如何读鲁迅》，8日，他在厦门市图书馆讲《从鲁迅在厦门大学说开去》，9日，他在泉州师范学院讲《我如何为鲁迅写传》，11日，他在福州大梦书屋讲《以史解诗：从胡适的情诗谈到他的婚恋》。

陈漱渝研究鲁迅，注重史料，论从史出，言必有据，又能择善而从，勇于吸收新成果，善于联系当下的实际谈历史，语多诙谐，常能让人在会心一笑中走进鲁迅博大精深的世界。

“我研究鲁迅，不为名不为利，主要是寻求精神支撑。”陈漱渝说，在“文革”中，看不到前途和出路，想寻找一个活下去的精神支撑物，鲁迅的作品及时地出现了。“鲁迅的作品中充溢一个强大的气场，让读者从中受到感染激励。读鲁迅作品，我们都会感受字里行间回荡着一股浩然正气，这种正气表现为他具有明确的是非、热烈的爱憎、对强权者的抗争和对被损害者的同情。鲁迅弘扬的‘损己利人’‘甘为人梯’的精神，可以成为当代先进分子的行为指南。多阅读鲁迅的作品，有助于提高国民素质。”

当然，伟大也要有人懂。鲁迅作品相对而言比较艰深，青少年阅读起来有一定难度，不少人因阅读不得法，知难而退，远离鲁迅，这是很可惜的。“如何读鲁迅”，“吃了32年鲁迅饭”的陈漱渝给出24字建议：“立足现实，精读细读；知人论世，循序渐进；坚持数年，必有所获。”

7日，陈漱渝在厦门大摩纸的时代书店开讲《如何读鲁迅》并接受

陈漱渝建议年轻人多读鲁迅作品，提高自身思想素质。（陈雯婷　摄）

读者提问，本报记者全程跟踪，整理了部分精彩观点以飨读者。

**读陪伴一生的经典，要循序渐进和持之以恒**

读经典作品，方法很重要，掌握科学的方法，可以收到事半功倍的效果。读鲁迅，我以为首先要坚持两点：循序渐进和持之以恒。初中、高中、大学，根据不同年龄段，选择不同的作品，由易到难。比如，可从散文《从百草园到三味书屋》《阿长与〈山海经〉》《藤野先生》和小说《社戏》《故乡》读起，再读杂文，再读早期的文言论文

《摩罗诗力说》《文化偏至论》等，如果颠倒过来，先难后易，一开始就读文言论文，那就会产生畏难情绪，知难而退了。持之以恒就是耐心，鲁迅作品是可以陪伴一生的精神财富，常读常新。任何一件事，坚持做 30 年了，自会成为某一方面的专家。鲁迅说过，多有“不耻最后”的人的民族，无论什么事，怕总不会一下子就“土崩瓦解”的，我每看运动会时，常常这样想：优胜者固然可敬，但那虽然落后而仍非跑至终点不止的竞技者，和见了这样的竞技者而肃然不笑的看客，乃正是中国将来的脊梁。

**读鲁迅作品，要立足现实精读细读**

我们读书分两种，泛览，即鲁迅说的“随便翻翻”，还有就是细读，也就是所谓的“慢阅读”。读鲁迅作品应该细读。陈寅恪能成为隋唐史专家，因为他的枕边书是《旧唐书》和《新唐书》；汤用彤能成为佛教史专家，因为他的枕边书是《高僧传》《续高僧传》。正因为鲁迅作品的丰富和复杂，不是读一遍就能明白的，真要弄懂，要当枕边书反复读。我还主张一点，要立足现实读，要敏于思考，联系现实读，才能读出新意。有一年，我到山西阳泉市平定县参观女作家石评梅故居，顺便问及当地煤炭开采状况，东道主说：“恐怕过几年就会挖得差不多了。”这时，我忽然想起一段话：“虽然有人说，掘起地下的煤来，就足够全世界几百年之用。但是，几百年之后呢？几百年之后，我们当然是化为魂灵，或上天堂，或落了地狱，但我们的子孙是在的，所以我们还应该给他们留一点礼品。”这段话出自鲁迅 1934 年写的《拿来主义》，我们过去主要从文化摄取观的角度阅读这篇杂文，而忽略了跟当今科学发展观十分切合的这段议论。只有通过细读，才会加深对鲁迅当代意义的理

陈漱渝与读者交流。（陈雯婷　摄）

解。带着现实问题读，也会增强阅读的动力。

**知人论世有助于正确理解和评价鲁迅**

读鲁迅的作品，知人论世非常重要。仅根据《鲁迅日记》记载，跟鲁迅交往的各界人士近两千人；在实际生活中，他交往的同时代人当然绝不止此数。鲁迅临终前曾经感叹："我这个人社会交系太复杂了。"与鲁迅发生联系的同时代人大体可以分为四种类型：一、感情至笃，终生不渝，如鲁迅与许寿裳。二、冰炭不同炉，如陈西滢、梁实秋。鲁迅正是通过跟他们的论争，捍卫和发展了真理。他们之间的交锋“实为公仇，绝非私怨”。三、始于相亲，终于疏离，如与周作人、钱玄同、林语堂、高长虹等人的交往。以鲁迅的性格，跟他友善过的人一旦交恶，那就几乎无法挽回了。四、始于彼此误解，终于尽释前嫌，鲁迅与魏建功、魏猛克等人的交往即是如此，既表现出鲁迅的宽容大度，也反映出对方勇于修正自己的“君子之过”。当然，在阅读时，不要脱离具体的历史情境，不能以一时一事的是非曲直代替对历史人物的总体评价，不能以鲁迅作品中对同时代人的个别提法作为对他们的全面评价和盖棺定论。这是“知人”，至于“论世”，鲁迅说过：“见过辛亥革命，见过二次革命，见过袁世凯称帝，张勋复辟，看来看去，就看得怀疑起来，于是失望，颓唐得很了。”鲁迅还强调：“我们活在这样的地方，我们活在这样的时代。”现在的年轻人朝气蓬勃，这是好事，但弱点是缺少历史感。要读懂鲁迅，一定要深入了解中国的历史，尤其是中国的近现代史，否则就不能正确理解和评价鲁迅的人生选择和历史贡献。

## “好玩”不足称“伟大”

读者：以前对鲁迅的宣传确有神化的一面，这些年却走向反面，世俗化越来越浓，鲁迅的作品不断地从中学生课本中退出，您对此怎么看？

陈漱渝：神化、拔高鲁迅肯定是不对的，但通过对鲁迅作品的娱乐阅读、浅表化阅读，将鲁迅世俗化乃至庸俗化，也是不妥的。近些年，有人着力宣传鲁迅的人间性，说鲁迅是一位体贴的丈夫，慈爱的父亲，和蔼可亲、爱开玩笑的老人，“非常好玩”的一个人，这都没什么错。但是，我以为，离开了鲁迅的独异性谈他的平凡性，离开了鲁迅的卓越性谈他的人间性，离开了鲁迅的超越性谈他的局限性，那是没有什么积极意义的，反而会扭曲鲁迅的形象，以对鲁迅负面性的个体化理解，冲淡或取代对鲁迅的经典化解释。郭德纲、周立波都很“好玩”，为什么他们成不了鲁迅？在中国现代文学史上，有创作实绩的作家多达6000余人，留下的文学书籍多达13500种，为什么只有一位鲁迅，一本《呐喊》，一直高居排名榜的榜首？据不完全统计，新中国成立以前收录鲁迅作品的语文教材和活页文选约有270余种，不仅收录了鲁迅的文学创作、杂文，还收录了鲁迅的译文、书信、日记、序跋和学术论著。不仅数量较多，而且题材比新中国成立后更为广泛。如果着眼于鲁迅作品的“当代意义”，鲁迅作品的“难读”是可以克服的。

### 有钱不一定幸福

读者：1926年，厦门大学花高薪聘请鲁迅任教，一个月工资四百银元，这里还有他的好朋友林语堂、孙伏园，鲁迅也打算在这里工作两年，为什么只待了135天就匆忙离开？

陈漱渝：钱不是幸福的保证，“有钱无生活”，日子也无味。鲁迅厌恶以“钱”为中枢而实际缺乏科学研究活力的纯学院生活，但广东革命形势的高涨和他跟许广平的两地相思也是促使他一再缩短在厦门停留时间的重要原因。他在北京生活惯了，南下后，“居无定所”，对厦门的饮食吃不惯，“淡而无味”，又听不懂当地话，虽有二三好友，但他厌恶的人更多。还有一点是与热恋的人分开，饱尝相思之苦，心态就很难保持平和。校园附近有一棵相思树，鲁迅曾独坐树下打发寂寞的时光，不料一头猪颠颠地跑过来啃吃树叶。这相思树在鲁迅心目中可是爱情的象征啊，他怒不可遏，一跃而起，同猪展开决斗。这也是“境由心转”之一种吧。现在看来，他对顾颉刚、林文庆和陈万里的评价也带有意气用事的成分。“金无足赤，人无完人。”鲁迅在这里没有遇到尖锐的时事刺激，只好向回忆寻找写作素材，《朝花夕拾》的后五篇反有一种沉静之美，写于厦门完成于广州的《铸剑》也成为历史小说的经典之作，还有《汉文学史纲要》，尤其是《两地书》的厦门通信，都是厦门时期的重要收获。鲁迅对得起每月四百银元。现在的厦门是“海上花园”，交通便利，经济发达，市民好客，我来过多次，非常喜欢。1926 年的厦门可不是这样。

**陈漱渝荐书**

鲁迅《鲁迅全集》

秦牧《艺海拾贝》

王朝闻《一以当十》

周振甫《诗词例话》

采写：《厦门日报》记者 宋智明

时间：2016 年 5 月 7 日

第十五篇

# 王兆胜：林语堂成功有五大秘诀

名片

王兆胜，1963 年出生，山东蓬莱人。中国社会科学院文学博士，现为《中国社会科学》杂志编审，林语堂研究会顾问。出版有《林语堂的文化情怀》、《闲话林语堂》、《林语堂：两脚踏中西文化》和《林语堂与中国文化》等著作，曾获首届冰心散文理论奖。

曾有人费解，一个出生于100多年前的漳州人，值得现代人费这么大的劲来召开这等规模的研讨会吗？林语堂有何魅力吸引全球300多位“粉丝”会聚他的故乡呢？

昨日闭幕的林语堂国际学术研讨会得出的结论，让我们明白了林语堂的现实意义，他所提倡的幽默、闲适、性灵，正是当今构建和谐社会十分需要的。而这样的意义，在过去很长的时间里，人们都没有发现。

有人提倡把漳州市改成林语堂市，“美国有华盛顿市，越南有胡志明市，我们为什么就不能以伟人的名字命名呢？”蒙古国的教授桑·哈达用地道的普通话说：林语堂不只是漳州的，也不只是中国的，他是全世界的。

切忌以鲁迅丈量林语堂，这是不少与会者的呼吁，同时，有人提醒，也别因为热衷林语堂而把鲁迅冷落了，我们不能重蹈覆辙——林语堂过去被冷落很长时间，原因之一就是他曾与鲁迅论战。

仅仅把林语堂当作文学家或翻译家来研究都过于简单了，因此，研讨会提出应从思想史高度来研究林语堂，他是中国文化史上很重要的文化现象。怎么落到实处呢？有学者说今后要注重林语堂史料的收集，因为林语堂有很大部分时间都生活在美国，国内关于他的资料很缺。说到资料的搜集，平和林语堂研究会秘书长黄荣才的论文比许多知名学者提交的论文更引人注目，他考证出了林语堂的初恋情人不是人们普遍认为的赖柏英，而是柏英的姐姐桂英，他能搜集到完备的资料，靠的就是扎根坂仔。

王兆胜，中国第一位以林语堂研究为博士论文的学者，十多年来一直致力于林语堂研究，应此次研讨会的邀请，担任大会发言的评述人，点评到位，创见迭出。那么，他心目中的林语堂又有哪些魅力呢？《厦

王兆胜认为林语堂的写作是超前的写作。（苏媛　摄）

门日报》记者对他进行了专访。

### 博士论文中途改向

### 鲁迅换成林语堂

记者：据说您一开始是以鲁迅为对象写博士论文，后来怎么来了一个 180 度的大转弯，改写以林语堂为对象的博士论文的？

王兆胜：1993 年，我考上中国社会科学院现代文学专业的博士生，师从以研究鲁迅著称的林非先生。我本来也是要搞鲁迅研究的，博士论文题目都定好了，叫《鲁迅潜意识心理研究》。当时鲁研界硕果累累，要取得突破性的成果很难。我做了一年半的准备工作，一方面受益匪浅，另一方面，鲁迅的作品读得越多，人变得对现实越不满，越来越愤世嫉俗，内心压力增大。

这时，我读到林语堂的作品，他内心也有悲剧意识，但他又主张生命就是游戏，花开花落两由之，这其中又充满对悲剧意识的消解和升华。我读林语堂越深入，越有喜悦的启悟，越读越觉得人生有意义，很美，充满幸福感，有一种飞翔感，这是在读其他人的作品时很难体验到的。

我是在鲁迅和林语堂的对向交流双向作用下，感觉到林语堂的妙处的。有一天，我突然向导师提出这样的要求：放弃鲁迅研究的博士论文题目，而打算写以林语堂为题的博士论文。这时，已经是二年级的下半年了。我虽把准备好的林语堂研究论文提纲送给林非先生过目，但心里不抱被允的希望。林先生几天后告诉我，同意我改作林语堂的论文，并对我的提纲给予高度评价和鼓励。

由于有灵感，我用了 3 个月时间就写出了 20 多万字，后来我的博士论文《林语堂的文化情怀》通过答辩，答辩委员会主席北京大学的严家炎教授评价较高，认为标志着林语堂研究新阶段的开始。这部论文后来收入门槛极高的中国社会科学博士论文文库，这也标志着学界对林语堂的一种认可。

**为伊消得人憔悴**

**十年痴心终不改**

记者：一般学者在完成博士论文后，大都会转向别的领域的研究，而你却十几年如一日，把主要精力放在林语堂研究上，内心有什么动力促使你这么做？

王兆胜：的确，我把三分之二的精力放在林语堂研究上，十来年里，除了一本《二十一世纪中国散文精神》，一本论文集《文学的命脉》之外，我写了五六本与林语堂有关的著作：《闲话林语堂》，从林语堂个性的角度出发，用心灵与林语堂对话；《生活的艺术家林语堂》，简写本的传记；《林语堂的文化选择》，对博士论文的深化；《林语堂：两脚踏中西文化》，从中西文化交流的角度写林语堂；《林语堂大传》，带有总结性的传记，写得生动活泼；《林语堂与中国文化》，漳州师范学院主编的“林语堂丛书”之一，着重写林语堂与中国传统文化的关系；《解读林语堂经典》，写给中学生的，重在普及。手上正在写的两本书是《林语堂与中外名人》和《林语堂与赛珍珠》。

过去我们对林语堂的评价偏低，长期从政治角度说他是“反动文人”和“洋奴”。研究时的定位是把他作为鲁迅的配角和陪衬，研究林语堂只是为了更好地研究鲁迅。不少人甚至把林语堂放在三四流的作家行列。其实，我认为林语堂绝对是 20 世纪非常重要的作家，可以排在前十名之内。

如果说鲁迅是一个战士，周作人是一位古僧，那么林语堂就是一个书生，一个天真、浪漫、自然、本色且带有梦想的书生。你看他的面部表情多可爱多清纯，内心无恶无苦，一派天然。正因为是书生，他对好多东西都不关心，只关心人的本色，“顺乎本性，就是天堂”，强调合情合理。他说自己是用乡土之子的眼光看世界，世界变得美和简单。

## 自认不合时宜的林语堂
## 其写作是超前的写作

记者：许多人批评林语堂的作品不合时宜，而林语堂接过这句话意味深长地说：“我是个不合时宜的人物，但我的书主要是写给数十年后的人看的。”事实证明，他的话是对的，林语堂的写作是超前的写作。您对此怎么看？

王兆胜：你说得很对，林语堂的写作是超前的写作。从现在这个语境看，他提倡的许多做法很值得学习。他是站在人类命运的角度上，用世界性的眼光来写作。他曾经批评美国文化的不足之处，认为重效率、重实利、不可爱。他的思想与 21 世纪联系在一起，21 世纪的主调与林语堂的思想是一脉相承的。他主张对话（非斗争）、和谐（非分裂）、互利、合作及追求人生最大的幸福等，不正是思接未来吗？今天的问题，林语堂半个世纪前就开始思考了。

林语堂特别强调和谐，其中包括人与天地自然的和谐、人与人之间的和谐、人与自己的和谐以及矛盾的和谐。和谐才能幸福，现代人得了现代病，被速度和时尚所左右，越来越不幸福。林语堂认为无论富与贫都能享受美好生活，只要你拥有悠闲度日的悠闲心情。林语堂的这些“现代思想”应该好好研究和整理出来，对于今天的我们有很大启示。

**五大因素成就林语堂**

**脚踏中西花开两朵**

记者：是哪些因素成就了林语堂，使他成为学贯中西的文学大师的？

王兆胜：闽南家乡的山水培养了他纯朴的眼光，使他善于分辨真假和善恶；他的父亲是梦想家，希望每个孩子都成才，从小就期望值高；林语堂本身聪明，智商高，仅用半年就掌握英语，在清华大学恶补中国传统文化，三年就很博学；置身北京浓郁的文化氛围里，蔡元培、胡适和鲁迅对他的引导和启发，也是一种推动；游历世界，在国外生活那么多年，去过不少国家，使他拥有世界性眼光。

## 文学天空的一颗恒星

在《瑞士风光》中，林语堂对循规蹈矩的德国人和一尘不染的瑞士人颇有微辞，他认为，社会应规矩，但慎勿规矩过甚，不然人生就无味了。填词要守格律，但慎勿入格套，不然就永不敢破藩篱了；在《读书的艺术》中，林语堂对大学生功利的读书法颇为不满，他指出，你们的读书是极端的不自由，极端的不负责，你们的学问不但有注册部定标准，简直可以称斤两的，这个斤两制，就是学校的所谓“七十八分”“八十六分”之类，及所谓多少“单位”。试问学问之事，何得称量斤两？这样哪里可以享受古之学者“读书为己”的乐趣？在《人生的乐趣》中，林语堂对只提倡工作不鼓励休闲的做法不以为然，他认为，只有知道一个人怎样利用闲暇时光，才会真正了解这个人一样。只有当一个人歇下他手头不得不干的事情，开始做他所喜欢做的事情时，他的个性才会显露出来。

假如我们把这个作者的名字遮掩起来，一定会以为此人是生活在我们身边的对社会和人生有着透彻认识的思想家，但这个人却在半个世纪前就思考了我们今天才为之忧心忡忡的问题。所以我们说，林语堂的许多思想是超前的。林语堂研究专家王兆胜也认为，林语堂的价值是指向当下，甚至是指向未来的。

林语堂的快乐生活观越来越得到现代人的共鸣，他的著作持续热销就是一个证明。林语堂说：“中国文化的最高理想人物，是一个对人生有一种鉴于明慧悟性上的达观者。这种达观产生宽宏的怀抱，能使人带着温和的心境度过一生，丢开功名利禄，乐天知命地过生活。”有学者指出，在当下，对中国文化已由批判的时期进入一个以建设为主的时期，健康、愉快、上进的文化品格应是当代中国文化的基调，林语堂所期望“对人生有一种鉴于明慧悟性上的达观”，可以作为平民百姓的文化追求，这有益于当代中国文化的总体发展。

正是在这个意义上，王兆胜说，林语堂像清风一样飘过大地，唱着歌走完一生。林语堂是文学天空里的一颗恒星，永久地闪烁着光芒。

采写：《厦门日报》记者 宋智明

时间：2007 年 12 月 7 日

第十六篇

# 吴浩然：丰子恺在厦留趣事，纳闷K剃头

名片

吴浩然，1974 年 11 月出生于山东汶上。2005 年跟随丰一吟研究丰子恺，2010 年 5 月—2014 年 7 月任桐乡市丰子恺纪念馆馆长，被丰子恺幼女丰一吟誉为“我父亲字画的真正接班人”，被香港文艺界评为“第三代丰子恺研究的领军人物”。曾在香港艺术馆、韩国漫画博物馆、河北“燕赵讲坛”、武汉“长江讲坛”和西安美院等各大学做过丰子恺艺术的专题演讲。

现为杭州师范大学弘一大师·丰子恺研究中心特约研究员、浙江省美协会员、浙江省漫协理事、桐乡市丰子恺研究会副会长。迄今已出版研究民国漫画和丰子恺艺术书籍近 50 部。主要著作有《丰子恺画传》《民国漫画风范》《我在缘缘堂》《子恺漫画遗韵——吴浩然画集》。

“丰子恺的漫画真迹要来厦门展出了！”这一消息不胫而走。果然，3月5日上午，在厦门大摩纸的时代书店，广大读者有幸欣赏到了正在展出的8幅丰子恺的漫画以及10幅丰子恺女儿丰一吟的漫画，这些原汁原味的画作让大家感到久违的亲切，从前被书本上的这些画作激发的美好感情再次涌上心头。真迹难求，这18幅画作只在厦门展出两天。

不过，大家不要感到遗憾。本次画展的策展人、丰子恺幼女丰一吟誉为“我父亲字画的真正接班人”的画家、作家吴浩然的学丰画作30幅，将在书店展出，一直到3月30日，有兴趣的读者可以抽空前来参观吴浩然的“子恺漫画遗韵”。

吴浩然被香港文艺界评为“第三代丰子恺研究的领军人物”，没人能想到，在他转行研究丰子恺之前，所在的单位经营不善，穷得工资都发不出。丰子恺是他的福星，他由模仿丰子恺的画作起步，得到丰子恺女儿丰一吟的青睐，帮他找工作，推荐他编辑丰子恺的著作，十几年下来，他编发多种有影响的丰子恺著作，自己也出版一本文集《我在缘缘堂》（初集）和一本画集《子恺漫画遗韵——吴浩然画集》。3月5日下午3点，吴浩然应邀来厦，在厦门大摩纸的时代书店作了一场题为《丰子恺艺术人生》的演讲，全面介绍丰子恺精彩的人生与艺术。

在工作的间隙，吴浩然欣然接受本报记者的采访，谈丰子恺丰一吟父女，谈绘画，谈人生，让人大开眼界。

吴浩然在学丰画作前留影。（吴浩然　供图）

**谈结缘：丰子恺女儿看了我的画，给我很大的鼓励和帮助**

记者：请问，您是在什么情况下开始丰子恺研究的？据了解，丰子恺的女儿丰一吟给了您事业上很大的帮助，具体的情况如何，可以介绍一下吗？

吴浩然：1997 年我毕业于山东省戏曲学校，本来分配到中学教书，但工资太低，便只身去了深圳和东莞发展，一干就是五年。五年后，实在厌倦了每天拼命劳作只为赚钱的生活。我学的是美术专业，很想全身心去画画，于是就到了杭州发展，后来定居在江南小城桐乡。

2005年5月，我给《嘉兴日报》画插图时，尝试用丰子恺先生的风格，画了一幅《过早凋谢》，后来陆续发表了几幅相同风格的画。丰子恺研究会的叶瑜荪老师将我的作品寄给丰子恺的女儿丰一吟。10月，在叶老师的引荐下，在桐乡新世纪大酒店我见到丰家姐妹。

记得第一封写给一吟老师的信很郑重，是很规矩地用毛笔楷书写的，还附了自己的几幅作品。没想到的是，她的第一封信就给了我莫大的鼓励："你将是我父亲字画的真正接班人。"不过，一吟老师也谆谆教诲：你要学习我父亲的字画，首先要学习他做人的品德——淡泊名利！

不久发生的事，让我面临是否继续留在桐乡的抉择。南方的朋友一直在劝说我回到东莞，当时所在的单位因经营不善，工资都发不出。我考虑离开，就去了趟上海，跟一吟老师告别。

一吟老师劝说我，先不走，可以继续研究丰子恺，不要光学他的画，光练他的字，也可以了解他的生平，多看他的文学类的书，需要钱，需要资料，她都给我。她说着眼泪都流下来了。一个快80岁的老人，眼泪哗哗地流，这让我心里很不是滋味。我便答应留下来。

在一吟老师的指导下，我开始编著"缘缘丛书"第一辑。第一辑有四本：有查阅丰子恺书法的《丰子恺书法字典》、专门介绍怎么画杨柳的《丰子恺杨柳画谱》、收集著作版本的《丰子恺书衣掠影》、一本我模仿丰子恺风格画的《缘缘人生——丰子恺画传》，2008年6月由齐鲁出版社出版。三年后，"缘缘丛书"第二辑（四本）又出版了。第二辑分装帧、诗词、插图及画谱四本：《丰子恺装帧艺术选》、《丰子恺诗词选》、《丰子恺插图艺术选》和《丰子恺漫画画谱》。

2014年出版的《我在缘缘堂》（初集）是《缘缘堂三部曲》的开篇。这是我学习和研究丰子恺以来所有文章和日记的总结。我有一计

吴浩然在丰子恺雕像前。（吴浩然　供图）

划，要出版《缘缘堂三部曲》。一部是《我在缘缘堂》，初集已经出版，今年会出版第二集；第二是《重建缘缘堂》，是写缘缘堂的历史，缘缘堂 1985 年重建，重建后发生了很多故事；另外一部就是《人文缘缘堂》。

当然除了研究文集以外，画集也是我出版的重点。今年出版的《子恺漫画遗韵——吴浩然画集》是我的第一本学丰子恺画风的开端（以前出版的连环画除外），接下来还会创作《漫画江南》一书，主要是画江南风物，以景为主。还有在重绘《护生画集》，根据原稿设色。

### 谈学习：丰子恺成就难复制，从笔墨学起只是蹒跚学步

记者：丰子恺先生多才多艺，人品、艺品、文品俱佳，请问，他的哪些精神最值得我们学习？

吴浩然：丰子恺先生值得我学习的地方太多太多，举其大者，我以为有以下四点：第一，我们要学习丰子恺刻苦、勤奋、广取博收的钻研精神；第二，丰子恺并非得到陈师曾和竹久梦二这两位老师的亲授，而是间接地从作品中去深入研究，学习领悟。自学同样可以成为杰出人才。学习讲究方法，因为只有全方位提高自己的文化艺术素养，才有可能触类旁通；第三，不脱离群众，饱含忧国忧民的情怀，做一个有责任感的人；第四，认清国家局势发展，具有与时俱进的强烈爱国主义精神。

记者：您的绘画很有特点，尤其是学丰子恺，达到惟妙惟肖的地步，那么，您是如何做到这一点的？

吴浩然：不管学什么艺术门类，每个人都有一段模仿的经历，学书法也好，国画也罢，音乐也是如此。我的专业是舞台美术，也算是

科班出身，但画得确实一般，目前算是刚入门。子恺漫画是集书画、文学及中国传统思想于一身的艺术，也可谓集大成者，是丰先生综合素养的体现。目前很难复制，甚至无法超越。这也说明，子恺漫画看似简单，学起来其实很难。所以学他画的人很少。我先学丰先生的笔墨，继而模仿其创作方法和思想，其实都是在蹒跚学步，为以后能够独立行走打下基础。

在画集的“后记”中我也提到，我羞于出版画集，因为艺术要有个性。我几乎完全学丰，拾人牙慧，步人后尘。不过我并不气馁，因为很多画家都走过这条路，张大千学石涛、齐白石学八大，齐白石“衰年变法”才形成了“墨叶红花派”。我想将来我的艺术也会有我的个人面貌和特色的。这本画集算是我近几年学画的汇报和总结吧。

**谈厦门：曾来厦寻找丰子恺遗迹，了解先生在厦时一段趣闻**

记者：您来过厦门吗？对这里的印象如何？这次办展对观众有何期待？

吴浩然：2012 年来过厦门，曾专门寻找过丰子恺先生在厦门和泉州的足迹，内武庙街没什么改变，古城西路 43 号已面目全非了。丰先生一度想过定居厦门，这里也有他很多朋友，譬如黎丁、虞愚。住在古城西路时他和黎丁是邻居，还发生过一个小插曲。

有一次黎丁的夫人琇年外出，丰先生与她打招呼，琇年说：“K 剃头。”丰先生以为是去理发。第二天碰到，琇年又说：“K 剃头。”丰先生有点儿纳闷，心想，可能昨天没理好。等到第三天，丰先生再次碰到她，她又说：“K 剃头。”这让大艺术家摸不着头脑了。有次他见到黎丁，专门问起此事，黎丁听后哈哈大笑。原来这句方言是“出去玩”的意思。

在这里举办画展，就是想让大家多了解丰先生的艺术，也想借此机会，抱着学习的心态，向各位师友多了解一下丰先生在厦门的一些情况。

**吴浩然荐书：**

**《读信札记》，韩羽编著，北岳文艺出版社，2015 年 1 月，128 元**

韩羽先生的一本书信集。我和韩老认识多年，最钦佩他的有两点：一是画，有个人风貌，前无古人后无来者；二是杂文，乃一绝。该集中除与各路名人的来往信件外，还附了韩老对前尘影事的追忆，娓娓道来，诙谐幽默，引人入胜。信中大家对画论的研讨很实用，学画的人一定要看，大有裨益。

**《送你一点盐》，赵明著，山东画报出版社，2015 年 10 月，36 元**

书名取得有滋有味，“送你一点盐，和你一起品。”作者通过买盐的经历，品尝出人生百味。大作寄来，晚上就开始拜读。人间的大事小情在赵老师笔下仿佛一幕幕话剧，也在我的脑海中轮番上演，有的很激情、有的很惬意，都是那么活生生的。

**《冷冰川墨刻》，冷冰川著，海豚出版社，2015 年 12 月，480 元**

海豚出版社在上海办活动，晚上和俞晓群社长、陈子善老师和冰川兄一起聚餐。大家谈笑风生，唯独冰川兄很是寡言。起初不解，等我拿到他的赠书恍然大悟，他的话都在作品里说尽了呀。一个直接用刀和雕板说话的人，一张只有黑白两种颜色的纸，他的世界竟然如此地缤纷细腻，浪漫不羁。你信吗？

**《醉书林》，安武林著，江西高校出版社，2015 年 1 月，25.8 元**

武林兄是知名的儿童作家，童话是他的拿手好戏，但他的爱书在读书界“臭名远扬”，我不幸就中过他的“毒招”。不过我很佩服他的才气和勤奋，还有就是他的爱书比一般人爱书要高明得多，人家藏书写书话，大作不断，藏以致用，藏且读，是真正的醉卧书林，而且醉得恰到好处。

采写：《厦门日报》记者 宋智明

时间：2016 年 3 月 5 日

第十七篇

# 李响：米卢是一个乐观善良的老头儿

名片

李响，足球女记者，2015年底加盟乐视体育，任乐视体育深度报道“慢动作”栏目主创。通过采访中国国家队主帅米卢在中国足球历史上留下深刻印记，撰写专著《零距离——与米卢心灵对话》，红透大江南北。曾辗转《足球报》《体坛周报》《体育画报》，2001年加盟《体坛周报》时创出150万元“天价”转会费。

李响，在今天已然成为一个复杂的名字，人们更热衷谈论的是她与米卢“雾里看花”的关系和她的天价转会费，没有人意识到，是她的勤奋和她的亲和力造就了她的成功，是她创造了中国媒体的一个神话。

得知李响要来厦门的消息后，我把《零距离——与米卢的心灵对话》又认真地读了一遍，同时准备了近 20 个问题，待李响来厦时进行专访。11 月 23 日，李响应晓风书屋之邀来厦为新书做宣传。由于日程安排较紧，留给媒体采访的时间只有 40 分钟。我觉得这种访问效果不佳，淘不到多少独家的东西，同时也担心我的问题被其他媒体“信息共享”。我向晓风书屋的创始人许志强提出单独采访李响的要求，经过与李响协商，同意了这次专访。由于李响当天晚上还要到漳州做宣传，于是我随车跟踪采访，忙了一个大白天的李响看上去有些疲倦，但思维还很活跃，谈锋颇健，这是长期的采访工作锻炼出来的。

**传媒角斗者**

话题从大家关注的转会问题谈起。正是高价转会费使得李响名气大振。“一些媒体的报道不尽准确，现在很多人误以为我转会后只要工作 3 个月。”李响解释说，“《体坛周报》的目光是长远的，也多少有点儿赌博性质。中国队没出线，我只需工作 3 个月；中国队出线了，我还得为他们工作到明年 8 月。”

李响接受记者采访。（姚凡　摄）

也许我们习惯了记者为他人作嫁衣的角色，当记者作为主角出现自然引起人们的关注。有同行把李响的转会看作是中国记者行业的一次变革，因为记者的工作第一次具有了真正的价值。李响认为，这是传媒业市场化的一种必然结果。类似的转会，在西方、在香港是比较普遍的事，竞争的双方看重的是一个人的市场价值而不是别的。中国的几大体育报纸，几年来都在暗中较劲。十强赛更是一个展示报纸水平的大好时机，《体坛周报》的总编曾经忧心如焚："十强赛对体育媒体而言，同样是一场决战，我无法想象在这场决战中，'体坛'没有米卢那充满激情的声音会是什么样子。"而能够及时而真实地传达米卢声音的，非《足球报》的李响莫属。《体坛周报》的挖角行动取得成功。至于转会动机，源于李响对自己的年龄的清醒认识，按虚岁算，她已经30岁了，与一班20出头的小伙子同场竞技，有明显的迟暮之感。她说，我得规划我的未来，不是3个月，而是我的另一个30年。足球记者不能干一辈子，李响更愿意做些自己感兴趣的比如律师或写作一类的事。

许多人都在探讨报社花那么多钱挖一名记者是否值得。李响说，还是让事实说话吧。《体坛周报》在十强赛期间创下单期销售量262万份的纪录，这远远超出支付给我的价值。记者证实了这一点，中国队出线的那一期《体坛周报》，我跑了五六个报摊，都脱销了。中国队出线后，米卢更是多次光顾《体坛周报》，其宣传效应不言自明。加上中国队出线，人们“爱屋及乌”，对米卢，对能够及时传达米卢充满激情声音的《体坛周报》喜爱有加。

李响承认现在在《体坛周报》工作很愉快，那里的人富有合作精神，由于报纸的不少做法与国际接轨，人们工作比较舒心。这里的机制比较灵活，敢于用人，又能人尽其用。加上领导者的带头作用，大家的心气很足。记者问，你这样外出做宣传，报社不管吗？李响答，我平时负责国家队的报道，国家队有事，我一定得采访；没事的话时间归自己支配。不过，过两天也要开始忙了，我11月28日要去韩国，参加世界杯抽签活动的报道。

李响认为，人们看到的，往往是记者成功和分享胜利的一方面，而忽视记者为此付出的辛劳。确实，人们看到的只是李响是米卢的好朋友这一点，而忘了李响跟中国队在一起的时间最长这一点。李响说，国家队的每次集训和比赛，我一次不落地跟，与队员都成了好朋友。一些记者只是采访时随便跟球员聊一下就完成任务了，那能挖到多少新闻？每一次比赛，我们不仅要看比赛，还要看人们什么反应，比赛结束了，还要看队员什么反应，比赛胜利了，我们往往来不及品味胜利，而是不停地采访，写稿，而后发送稿件。记得中国队出线的那天，我的十几位同行都是忙到第二天的凌晨两三点，发完稿件，才开始为一位同事过生日，那是真开心啊。经常是这样，别人高兴完了我们才高兴。

在漳州，晓风书屋的创始人许志强问李响晚上最想吃什么菜，李响俏皮地说，我妈妈做的菜。现在，李响和丈夫把家安在了广州，母亲远在天津，一年见不了几次面。

### 与足球无关

“米卢是一个非常乐观的老头，心地善良，热爱生活。”李响如是说。记者说，过去外界对你们的议论很多，是是非非，莫衷一是。但我有一次看你写的报道，写“9·11事件”后米卢的反应，我觉得米卢是一个很真实的人，是个很有人情味的人。米卢深感生命的渺小，他说：“不知有多少人正在世贸中心100多层吃早餐、喝咖啡，而转眼之间就灰飞烟灭了，人的生命真是很脆弱，与这相比，足球比赛又算得了什么！”此后的几天米卢的心情都不太好。我在这则报道里看到了米卢的人文关怀。

车子在从厦门开往漳州的途中，记者对李响说那是我读到的最感人的一则体育报道。李响不置可否，眼睛望着窗外，仿佛又回到那不堪回首的一天。她低声说：“是的，那时，我甚至觉得足球比赛可以停止了！”说完不语，长久地望着窗外。

所以，记者认为，当生命面对无时不在的威胁时，足球实在是一项

李响在厦门晓风书屋签名售书。（郑晓东　摄）

渺小的运动。它只是一项运动，带给我们快乐（即便是悲伤也是事后的反应，投入的过程是充满激情和欢乐的）。就像《零距离——与米卢的心灵对话》所写的，当米卢让队员玩玩网式足球，开开玩笑就算训练时，队员就对教练的能力怀疑，他们认为，我们在俱乐部可都是玩大运动量的，这算什么？热身赛输给沙特，队员们垂头丧气，米卢带头跳进死海，招呼大家尽情戏水；网式足球比赛时，米卢经常耍赖，有时无理得很，一开始队员气得要命，后来习惯了，因为这是规则，可能不尽合理，但你必须遵守规则。

著名作家洪峰曾经称赞米卢，多好一老头。意思是米卢是一个不错的老头，与足球无关。当对足球一无所知的李响来到米卢面前时，米卢认为，我要帮帮这个女孩。李响觉得幸好自己对足球无知，使得米卢在帮自己的时候很有成就感，也使自己获得许多宝贵的信息。李响说自己喜欢朦胧诗和王安忆的小说，这份文学素养让她拥有敏锐的感受能力。正因为足球对她是新鲜事物，也使得她以一种新鲜的心情来感受。少了一些足球老记的先入为主，多了一些了解之同情。正因为她的不指点江山，而是忠实地传达，使米卢有找到知音之感。

写作《零距离——与米卢的心灵对话》，李响用了不到 20 天。记者惊叹于她的速度，她说，足球对自己是新鲜事物，经历的许多事情都印象深刻，历历在目，也得益于当时投入足球采访时的事事好奇，事事关心。

对于外界认为的米卢是靠运气取得成功的说法，李响很不以为然。李响认为，一两场球还可以说是运气，十强赛可是 8 场球啊。《零距离——与米卢的心灵对话》里还提到，小组赛主场打印尼，上半场印尼先打进 1 球，中场休息时，米卢一度虚脱了。但到了指挥时，他又镇定自若，果断地换上祁宏，反败为胜。李响认为，米卢作为一个有成功经历的教练，我们应该多学学他的优点。我的书只是尽可能地记下一些生活化的东西，至于技战术等方面的内容，应该让有心的教练和队员来总结。

### 谢绝电视台

关于满世界飞舞的谣言，李响从来没有说过一句反击的话，以至于一位资深球迷为李响抱不平：李响的沉默应该令很多大老爷们儿汗颜。李响认为，自己从小就在一个类似的环境里长大，对这种现象习以为常。每个人都有发表自己观点的权利，但我不在乎，如果我在乎每个人的想法，我也无法走到今天。

一次，李响接受一家周刊的访问。记者问："足球没有李响，我们记者将会怎样？"李响说："还会有别人，可能会是另一个女孩，她的新闻还会那么多。如果不是女孩，流言蜚语也会少很多。"因为，中国人在男女问题上从来不缺乏想象力。"但是，不论怎样，一样会有十强赛，中国足球队一样会出线。"李响肯定地说。

一个网站曾经制造假新闻，说什么李响与丈夫协议离婚。夫妻感情和睦的李响付之一笑。她说，网站的负责人曾想请我吃饭，说他们登这些文章也是不得已：网站新开不久，要打知名度。在去漳州的路上，李响的丈夫打来电话，两人交谈甚欢。北京一家著名电视台要李响 11 月 26 日进京录节目，李响说不行，自己在家里待的时间不多，要多留在家中，11 月 27 日才能进京，准备赴韩国。

在艰难的时候，米卢给予李响安慰。他在厦门观看联赛，到海边游玩时，拨通李响的手机，让她听了足足 5 分钟的海浪声。之后说："心情是不是平静很多？"海纳百川，米卢想告诉李响的是要有大海般的襟怀。

李响说她很喜欢舒婷的诗，在鼓浪屿上曾想去拜访舒婷，因不知地址，只好作罢。舒婷有诗：心颤抖着，不敢启程。采访十强赛，写书，都有这种心情。其实，舒婷的《致橡树》倒是挺能表达李响此刻的心情，只有拥有独立的人格，才能赢得他人的尊重。

采写：《厦门日报》记者

时间：2001 年 12 月 1 日

# 附录

# 有趣的文章我都喜欢

## ——专访记者、作家南宋

采访者：侯强（西北师范大学2014级中国现当代文学专业研究生）

时间：2015年8月20日

## 引子

2015年5月底，从鲁迅文学院学习回来，同学张晓琴邀请我做一个访谈，我答应了。于是，她的研究生侯强和我有了一次愉快的笔谈。谈读书，谈写作，谈人生，无比温暖。回忆往事，等于再活一次。

## 笔名

侯强：宋老师，您好，非常感谢您接受我的访问。您在《有人跟踪我》第125页写到“还有比宋朝更悠闲的朝代吗？”您的笔名叫南宋，除了您居住在南方，姓宋之外，您的笔名是否与您喜欢宋代的悠闲有关?

南宋：我们在取笔名的时候，总愿保留一些本名的痕迹。这里的“宋”，自然就是本名的姓。大学时迷先锋文学，对苏童、格非和北村很着迷，连带着也会关心一下他们的本名。苏童是童忠贵，格非是刘勇，北村是康洪，本名都很寻常，取了笔名以后运气好多了。我对来自福建的北村平添几分亲切，也有点见贤思齐的意思，他叫“北村”，我就叫“南宋”，南方姓宋的，也有点儿“苏童”的“苏州姓童的”的味道。取个笔名，主要是为了和日常生活分开，写小说有点儿隐私的意味，我不想在争分夺秒抢新闻的同事那里，留下一个游手好闲的印象。当然，我个人对宋代是有好感的。那是文人最受重视的年代，欧阳修、苏东坡等一大批灿若星辰的诗人作家我就不一一列举了。记得陈寅恪说过，“华夏民族之文化，历数千载之演进，造极于赵宋之世。”至于宋代在政治上的是非得失，众说纷纭，这里不做评论。我父亲对我的“南宋”并不买账，他说，我给你取的名字其实挺好的。他说不出所以然。后来，我查书发现，“智明”其实大有来历，老子曰：“知人者智也，自知者明也。”知人知已，百战不殆，多好！或者，哪一天我心血来潮，在写作上用回本名也不一定。

### 经历

侯强：文学作品的灵感多来自作家的生活经历，您可以简要谈一下您个人的成长经历和生活经历吗？

南宋：从某种意义上说，一切作品都是作家的自传，再隐晦曲折的作品都可以找出作家生活的蛛丝马迹。我对一部作品发生浓厚的兴趣，也会迫切地找几本作家的传记来读。我的生活经历说起来很简单，生于20世纪70年代初，读大学，工作，如此而已。比较不同的是，我的求学经历有点儿一波三折。因为父亲的工作经常调动，我也跟着变得比较动荡。我出生在莆田渠桥一个叫东郊的村庄，长到十岁时，跟父亲到了邵武一个叫张厝的伐木场。初一那年，我父亲调到拿口的一个木材采购站，我也跟了过去。高一就读于邵武一中，文理不分科，高二我主动要求读文科，大学考上东北的吉林大学，大一读历史系的档案专业，大二我申请转到中文系的汉语言文学专业，考研时没有读成我心仪的现当代文学专业，调配到古籍所的古文字研究专业，“文字”可信不可爱，“文学”可爱不可信，我身在“文字”心在“文学”，研究生三年，在文学阅读和写作上倾注了更多的精力，疯狂地阅读先锋文学，大量写作散文。毕业时，不愿从事与“文字”有关的工作，又想离“文学”稍微近一点儿，就到了报社工作。这种求学经历，缺点自然是不够专一，优点大概是比较博杂。我是什么样的书都读一点儿，什么样的文章都能写一点儿。所以，创作上也是一半一半，出了六本书，三本小说，三本读书随笔。直到今天，我也依然坚信，文章的好坏与体裁和篇幅无关，只要你写得言之有物，写得有文采，就是好文章。

至于目前的工作，除了新闻的采编外，有时也上电视评点时事，也到除幼儿园之外的学校讲讲写作，偶尔喜欢与三五好友下下围棋。我的棋力在棋圣道场打到五段，还算可以的，喜欢打劫，人称“劫王”，喜欢大砍大杀，与斯文的外表形成较大的反差。有时，我承认，我认认真真追求的两件事只有写作与围棋，其他的才能都是从这里派生出去的。

至于娶妻生子，吃喝拉撒，与常人无异。

## 学养

侯强：能否谈谈您的学养背景呢？

南宋：以前在一篇文章读到一句话，深得我心，说是一个人有两个童年，一是生理童年，一是文化童年。说实在的，我的文化童年启蒙得比较晚。直到初中，没有插图的书我读不动，那时最迷小人书，靠捡田螺和卖玻璃瓶挣来的钱，到镇上的书店买了许多小人书，大概有三百多本。高中时读过《射雕英雄传》、一部三卷本的《中外著名中篇小说选》和一本讲述魏晋南北朝历史的普及书，常读的报刊是《每周文摘》和《故事会》，很奇怪，那时觉得《读者文摘》里面的文章比较难，买得少。当然，语文课本我倒是认认真真读的，简单倒背如流，连页末的小注都能背。我是农村户口，不好好读书考上大学，只好回家种田。高中有图书馆，我去的次数极少。有一次印象很深，读了课文上孙犁的《荷花淀》，觉得美极了，愿意多读读孙犁的小说，极少有地上图书馆借了一本《村歌》，如愿以偿地读到《荷花淀》的续篇《嘱咐》，美极了，也忧伤极了。那时课余也不写日记，不做读书笔记，父亲是基层的政工干部，搞思想教育的，母亲很会讲故事，很遗憾只读到小学四年级，他们在阅读上不能给予我更多的帮助。他们在生活上无微不至地帮助我，父亲在数学上还能辅导我一下，其他的就爱莫能助。我只有自力更生了，比较坚持的一点，我认真完成语文老师布置的一周一篇作文。傅书松老师当年是省里的杂坛新秀，写得一手好杂文，对作文给的分比较“吝啬”，上 78 分就是优秀了。有一学期，他表扬了四五位作文四次以上上了 78 分的同学，我惊喜地发现，我榜上有名。这些在我的第一本小说集《雕刻时光》里多有反映。

高一以前，我比较贪玩，相对于其他文化启蒙比较早的同学来看，我读大自然这本书比较频繁，比较深入。我的文化童年发生在大学，吉林大学位于长春，这是一座文化名城，大学多，书店多，期刊多。我怯于与人交往，有幸找到一位可以陪伴一生的朋友，那就是书。杨绛说得好，读书像串门儿，古、今、中、外，哪个朋友有趣就找哪个朋友聊，他们又一例地好脾气，准会陪你聊，全因主动权在你。与书为友，可以避免日常交友的许多麻烦。读书，让人变得镇定而从容。

1989年至1996年，我在大学里度过。那是“思想淡出，学问凸显”的年代，读书不会遭人嘲笑。那几年流行的学术书和文学作品，我几乎没有错过。那时，读的是古文字，研究现当代文学的心不死，读了许多文学评论的书，其中包括《火凤凰文丛》。那时，远离家乡和亲人，人一闲下来就会涌上淡淡的乡愁。那时，开始想写一点儿东西了，经常是带着一本《散文》，读一两篇找点儿灵感，就写一篇思念家乡和亲人的文章。有满意的，就寄给校报。我的运气不错，寄的第一篇稿子就发表了，那时常用的笔名是“宋松”。后来，“宋松”成为校报副刊《岳桦林》的常客。在校七年，我在上面发表了近三十篇散文。这批文章现在看来比较幼稚，学生腔十足，但我十分珍惜那种“写”的状态。那是最初的文学练笔，像初恋一样珍贵。再后来，先锋文学来了，余华、苏童、格非、孙甘露、北村、洪峰、叶兆言来了，长江文艺出版社出的“跨世纪文丛”来了，我是见一本买一本，读多了，发现他们背后依靠的是欧美来的老师，于是，我转读马尔克斯、博尔赫斯、海明威、福克纳、塞林格……我的天呐，文学的世界太迷人了，以致我对英语的兴趣一点点消失，到了想考博士的时候才发现，面对英语，我已经心有余而力不足了。

我比其他只读文学作品的文学青年幸运，因为阴差阳错读了古文字，为了考试和写论文，我不得不读一些专业书籍，于是，从李学勤、裘锡圭、李零、李家浩开始，一直往前读到于省吾、唐兰、陈梦家、王国维、孙诒让，然后旁涉国学经典，《周易》、《老子》和《尚书》。那时，比较迷钱穆、陈寅恪的书，细读过钱穆的《论语新解》《八十忆双亲·师友杂忆》和陈寅恪的《陈寅恪史学论文选集》，一是他们的文笔好，半文半白，很有味道；二是他们对历史的温情和敬意，令人感动。所以，我在阅读上不挑食，古今中外，有趣的书我都爱读。什么心情适合读什么文章，拿起来读就是了，并不讲究。

**身份**

侯强：您既是作家，又是批评家、记者，这些身份您更偏爱哪一个，为什么？

南宋：这三个身份我没有偏爱，都喜欢。人生在世，必须在不同场合扮演不同的角色。记者（或编辑）是我的饭碗，既然我没法靠文学写作养活自己，那我也不必清高到瞧不起自己的职业。我跑过五年的社会新闻，车、船、水、电、气和林业，这几个领域的新闻都归我采写。这个乐趣少一点儿。后来，我编了五年的《读书》版，采访了三四十位学者和作家，这让我非常享受。我采访过的学者、作家有许多是我大学时代的偶像，比如金庸、李敖、王蒙、钱理群、余华、余光中、陈子善和林少华等，与他们的交谈极愉快，也是对我以往学习效果的检验。我发现过去读的书都派上了用场，跟谁都能聊上两句，让采访对象有知音之感，也愿意与我聊。在我的读书随笔《随遇而安——一位作家的城市体验》、《流动的书斋》和《鼎沸集》里，记录了不少与学者作家交往的经历。那是一种置身文学和学术现场的感觉，见到大学时的偶像，与他们畅谈文学与人生，让人恍然如梦。

作家肯定喜欢了，以前我喜欢写小说，取材于自己生活的多，比如《雕刻时光》，比如《1992，爱情来了又走了》，写小说是解决自己思想上的大苦闷。经历的喜怒哀乐，其中特别深刻、难以排遣又无法明说的部分，我都写成小说。只有把它们写出来，我才有一种放下心中石头的轻松感。

至于批评家，以前读小说，遇到读不懂的部分，就看一些研究和赏析的文章，加深自己对原文的理解，久而久之，自己也看出一些门道来，就试着写一些像批评的文字，尤其是遇到自己不赞成的观点时，就喜欢做些驳论。书翻得多了，几本书里碰到相似的材料，有时就合在一起写一篇评论。碰到一些大家史料引错的地方，也喜欢指出来，有一种发现的快乐。在文章里，点名批评了好几位大家。不好意思，我只是对事不对人。这还是受了古文字研究注重考证的影响。我的缺点也很明显，写得不系统，完全凭兴趣。优点是言之有物，观点比较站得住脚。

## 书店

侯强：从您的文章中我们可以看到，您无论走到哪里都喜欢光顾书店买书，您真的一直在践行着读万卷书，行万里路这句话，您可以和我们分享一下您的阅读经验吗？

南宋：读高中时我喜欢长跑，大学在东北，冬天漫长，室外活动少，主要是读书，很少进行体育锻炼。到了厦门工作后，我的不爱锻炼的习惯总算是保持下来了。如果称得上锻炼的活动，我认为一是长期坚持乘公交车；二是长期坚持逛书店。挤公交车需要消耗多少体力，你懂的。逛书店其实也很费体力的，我每周逛一次书店，一次逛三四家，一家一家走过来，一个书架一个书架移过去，并不轻松。支撑你忘掉疲劳的是那一本本各具特点的书。逛书店，既健身，又健心。我不喜欢网上购书，只试过一次在当当网上购书。网上购书，目的明确，缺乏不期而遇的快乐。所以，我喜欢到实体书店寻找与书的“艳遇”。我比较有同情心，知道开书店不容易，进店门极少空手而归。我在北京进修两个月，逛了万圣书园、豆瓣书店、北大的博雅堂和野草书店、三联书店、涵芬楼书店，还去逛了潘家园旧书摊和朝阳公园的露天书市，买了近三百本书，一些文友笑我："南宋这人，不辜负任何一家书店。"我们一边同情于民营书店一家家倒掉，一边却又上网购书乐此不疲，这不是很虚伪吗？至于读书，我坚信：开卷有益。

## 作品

侯强：在您从事文学创作的过程中，哪位作家或者哪部作品对您影响最深？

南宋：太多了，可以组成一支部队。重要的有六部：

《百年孤独》：2007 年 6 月初的一天，与好友老十在深圳溯溪，两人均不幸落水，手机浸湿失灵，只好向路边一公用电话求援。店中代售旧书刊，在一大堆时髦杂志中挖出此书，仅售 10 元，欣喜若狂。获书过程之魔幻，可与该书所写内容相媲美。这是 20 世纪 80 年代先锋小说家的《圣经》，自然也激发了我的想象力。全书可当长诗读，读时有"天苍苍野茫茫"之感，其中香蕉园罢工一段感人至深，开头的"许多年以后"曾多次被我借用。

《鲁迅全集》：我从高中时就喜欢读鲁迅的文章，不少同学大呼课本上的"鲁迅"太难啃，我却甘之若饴。《从百草园到三味书屋》、《故乡》、《社戏》、《藤野先生》、《范爱农》、《呐喊 · 自序》和《祝福》，鲁迅都是在写自己的生命体验，何难之有？有研究者认为，对鲁迅，我们不必另写传记，他的传记就是他的《全集》，现代文学史上，你还能找出第二位在写作时"贯注着一种浓烈的生命意识"的作家吗？鲁迅先生的代表作，每年我都要重读一遍，品尝"托尼思想，魏晋文章"，养成为人的骨气和为文的硬气。

《我弥留之际》：苏童最喜欢的三部长篇之一，其他两部为福楼拜的

《包法利夫人》和卡尔维诺的《在树上攀援的男爵》。福克纳写过不少长篇，我最喜欢的除了这部，还有《喧哗与骚动》。《我弥留之际》是写一群人的一次“奥德赛”，一群有着各种精神创伤的普通人的一次充满痛苦与磨难的“奥德赛”。该书最让我着迷的是其独特的叙述方式。让每个人物自说自话，让人物像参加接力赛跑一样把话筒丢给下一个，下一个在前一个停止的地方继续前进，通篇环环相扣，无比准确，无比生动。

《我们的祖先》：最喜欢这个三部曲之二，即《在树上攀援的男爵》，柯希莫·皮奥瓦斯科·迪·隆多——生活在树上——始终热爱大地——升入天空，这个热爱自由的男爵曾陪伴我度过大学时代唯一一次长达一个月的病床生活。我在《1992，爱情来了又走了》里情不自禁地写道：“我无法自拔地跟随那位富有反叛精神的小男爵在各种各样的树枝间跳跃，经历妙不可言的树上生活。当读到那位无恶不作的强盗在小男爵的帮助下，读了许多浪漫主义小说，以致变得温柔而多情，而且彻底改变了世界观，对过去的‘辉煌业绩’不以为然，决定以平静地读书代替过去轰轰烈烈的杀人越货的生活，特别是当这位闻名遐迩的强盗被吊死前，还为一部小说的主人公的结局而牵肠挂肚时，我不禁捧腹大笑。”这是一部充满智慧、趣味无穷的书。

《麦田里的守望者》：35 岁的时候，我的写作才彻底摆脱这本书的影响。有十年的时间，我的青春题材小说极力模仿主人公霍尔顿那副吊儿郎当什么都不在乎的说话方式。书里的一些格言我能倒背如流。塞林格是那种你读了之后很想打电话给他的作家，你会羡慕霍尔顿拥有一位冰雪聪明而又善解人意的妹妹。霍尔顿的遭遇会唤醒你整个青少年时期的回忆，那么忧伤，那么温暖。

《海明威谈创作》：海明威的作品我见一本读一本，那种简洁峭拔的语言令人流连忘返。美景，美女，美酒，应有尽有，抛开思想意义不说，海明威像一名出色的导游，带领我们走访奇山异水，让我们足不出户而走遍天下。这是一本似薄实厚的书，虽然只有 238 页 12 万字，但常读常新，可以获得许多创作方面的启示。这本书坚定了我当一名作家的决心。从这本书里，我学到一种使写作得以持续的好方法，就是："最好的办法是在你写得顺利的时候，知道往下怎么发展的时候停笔。你写小说，如果天天做到这一点，那你永远不会受到堵塞。这是我可以告诉你的最宝贵的一条经验，你得记住。"

**长篇**

侯强：《1992，爱情来了又走了》有没有您自叙传的色彩，您怎么看待自叙传和半自叙传的作品？

南宋：肯定有，半真半假，把假事写真。这本书写得早，2003 年就开始写了，那时灵感泉涌，每天能写一两千字。把手提电脑放在床上，底下铺一块隔热板，然后，开始想象，"倾诉"，青春是美好的，青春又是苦涩的，只有回忆，只有书写，我们才能不断地重返现场。失去才知道珍惜，我在三十来岁的时候，开始回望二十来岁时的生活，真是百感交集，心痛和眷恋兼而有之。那时的生活太难忘了，以致像一块巨石压在我的心上，我只有写出那段岁月，才能真正告别那段岁月。

由于写作的方法有点儿像法国作家普鲁斯特的《追忆逝水年华》，不刻意制造戏剧冲突，也不渲染传奇色彩，只写那些感动我的细节，显得有些琐碎了，一般人不容易发现它的好。所以，它只能寂寞地等待了。正如一位广州的读者所言："《1992，爱情来了又走了》会是我书柜里永远珍藏的好书，谢谢你写过这样没有一句煽情却如此感人的文字。"

或许是此前人们看了太多很戏剧化很传奇的“青春”故事，有点儿审美疲劳，以致对真实而质朴的故事重新产生兴趣吧？这本书是在台湾出版的，繁体竖排，有点儿时光倒流的感觉，与小说的怀旧色彩很般配。台湾版的责任编辑郑伊庭老师特意打印了一封信给我，内容是：“此书小编也很喜欢，很奇妙，虽然小说主角的年代、地域这些客观环境与我没有重叠，但故事从追求理想到迈向现实生活这种不知不觉的转变、年轻时的意气高昂和对美好事物的执着，还是很能感同身受。也许这就是文学发乎个人经验，却又能感染众人的普及性吧？感谢老师创作这么一本好看的小说，也期待您工作忙碌之余也持续创作。”

书中细节，最感动的是一张旧照片，当时的照片都是胶卷冲洗，相对比较珍贵。我们的宿舍里曾经挂着两个寝室联谊时的合影，其中有我心仪的女孩，本科毕业搬离寝室的时候，我偷偷地把它拿下来，一直保存着。正如小说所写：“在寝室整理旧物的时候，他突然发现了那张照片，就是他住进中文系新宿舍的第一天所看到的那张照片，他又看到了左一。他的心痛了起来，鼻子一酸，眼泪慢慢地流了出来。李静的微笑，让人心醉又让人心碎。”爱情之事，真的假不了。

我大胆承认，以下几件事是真的，一是乘火车。那年我从福建北上长春求学，要坐三天四夜的火车，父亲和我带着行李，只买到了站票，面对面坐在过道里。随着火车渐渐驶离故乡，想念也越来越深，但这份想念，也是一种力量，支撑我独自在异乡奋斗。这种酸楚的牵挂，在当时，尤其是对父母，显得格外深刻，以后即使再有，也回不到那种感觉了；二是转系。我刚进入大学时被调剂到历史系的档案管理专业，学习内容比较枯燥，我整天抱怨，后来机缘巧合转到了喜欢的中文系，如鱼得水。以至于到今天我还认为中文系的汉语言文学是天下最好的专业，因为它和我的性情是那么合拍；三是看电影。成功邀请到心爱的女生看电影，那时候我比较自卑，鼓足勇气表白，没想到她竟然同意了。女孩非常善解人意，长得有点儿像电影明星徐静蕾，约会那天还化了淡淡的妆。当时我非常紧张，连上厕所都怕破坏自己形象，虽然这段感情注定开始就失败了，现在想来也是非常美好的回忆；四是写作。博尔赫斯说过，写作是让逝去的时光使我心安。这个社会每天都在往前推进，我觉得我们不要那么快，有时候要回忆一下。我们这个民族比较健忘，不懂得去吸取教训，我觉得要学习古人一日三省吾身，养成写作的习惯，就算只写给自己看。胡适建议每个人都写自传，当今的时代博客和微博让每个人都成为写作者，通过写作为生命留下印记，在反省的同时告诉我们哪些日子是值得过的。

### 执着

侯强：在您的《有人跟踪我》中前后塑造了三位为文学、为事业、为围棋而进入迷狂状态的人，有什么深意吗？

南宋：在他们身上，有一种可贵的精神，那就是单纯而执着。不过，在娱乐至上的年代，他们的较真显得有些不合时宜。处理不好与现实的关系容易陷入疯狂。一位诗人告诉我，好人才会发疯。坏人总想着和别人过不去，只有好人才和自己过不去。她以一个过来人的身份劝我，除了创作之外，一定要爱上一样与创作完全不相干的活动。比如：游泳、搓麻、打保龄球……

### 经典

侯强：阅读经典的经历对您的创作来说是一座“富矿”，一时代有一时代之文学，一时代也有一时代之经典作品。可是当下市场化对文学创作的影响很大，文学开始走向娱乐化的道路，经典作品不多，您如何看待这一问题？

南宋：不要着急，作品是否经典，获奖说了不算，畅销说了不算，时间说了算，十年、二十年、五十年以后，还有人愿意读，才是经典。作品是否可以像茅台那样标价？十年茅台、二十年茅台、五十年茅台。落实到我们自己，尽量读一流作品，尽量写言之有物的文章。

**批评**

侯强：作为“70后”批评家阵营中的一员，您认为“70后”批评家相较其他几代批评家的优势和劣势是什么？

南宋：这一代人读书多，社会阅历少，是优势也是劣势。政治的影响好不容易摆脱了不少，金钱这个怪兽又来了，不少人的写作变得不单纯。所以，有时，我又满意于自己的凭兴趣写作，“悔其少作”的时候少。

侯强：能不能用一句话来概括您的批评观？

南宋：是其所是，非其所非。

侯强：你最欣赏的写作态度？

南宋：有真意，去粉饰，少做作，勿卖弄。这不是我说的，是鲁迅先生说的。虽不能至，心向往之。

# 后记
# 如鱼饮水

宋智明

采访文化名人，我是既喜欢又害怕。读其书，见其人，何等荣幸。这是喜。可是，怕也来了，就这“读其书”，工作量就不小。旧作新作你都得认真读，相关的资料你得尽量多地浏览，这还不算难。“见其人”，面谈面谈，名人的脾气和好恶你得了解，谈话的内容和节奏你得会调度。更难的，名人名人，名声在外，想采访的同行多了去也，名人一般不会安安静静坐在那里等你来采，经常遇到的情况是，他出席一个大型活动，不能接受你的专访，只能在演讲和签售的间隙，挤出一点儿时间接受群访，你能问上一两个问题算是万幸的。最不幸的是，因为采访的权限控制，名人就在眼前，你却没有提问的机会。唉，访谈之难，如鱼饮水，冷暖自知。

从 2004 年 9 月采访著名作家王蒙开始，我和同事陆续采访了近五十位名人，有政治名人连战、吴伯雄和曾永权，有体育名人吴经国、应明皓和陈培德，当然，人数最多的是文化名人：金庸、李敖、余光中、钱理群、北岛、余华、陈丹青、林少华……有的是群访，有的是专访，有的布署周密，有的则是街头偶遇，每一次采访都像打仗，要投入大量的体力和脑力，当然，还有物力。采访前，要购书读书，采访时，要争分夺秒，出奇制胜：抛出一些有新意对方又感兴趣的话题。采访紧张刺激，结束后常有虚脱之感。采访有深有浅，浅的自己都不好意思提起，深的会有一定社会反响，最大的奖励是一次采访见报后，一位读书很多的读者打来电话说，你们写的比他讲的更精彩。

本来，采访见报也就算告一段落了。春节过后，与一位“余华迷”说到我曾经采访过她的偶像，还请余华吃过饭，她简直不敢相信自己的耳朵！我找出访谈电子版，她才信了。百度了一下，发现好几篇硕士论文引用了我的这篇访谈。我想，这些访谈的生命可能不是一天两天，而是五年十年，甚至更长，想读的读者或许还有。我在微信朋友圈列出十位我采访过的文化名人，自作多情地问，有人愿意出版吗？出人意料的是，近百名或点赞或评论的朋友中，有三位出版社的朋友表示愿意出版。受到鼓舞，我士气大振，翻箱倒柜，上网冲浪，精选出 17 篇自己比较满意的名人访谈，标准是采访扎实，文采飞扬，希望不会让大家失望。

常言道：“听君一席话，胜读十年书。”在采访文化名人时，这些聪明的脑袋瓜冒出的智慧火花不时地让我有恍然大悟之感。许多百思不得其解的人生难题，在他们四两拨千斤的妙语中得到化解。他们之成名，的确有高明的地方。“被声音照亮”，没错，他们的声音一次次照亮我，相信你也会被这些我们历经千辛万苦采集来的“智者之音”照亮。因为被照亮，所有的付出都是值得的。

感谢厦门市委宣传部副部长、厦门日报社党委书记、社长李泉佃百忙之中拨冗通读书稿、欣然写序，感谢多年来对名人访谈给予大力支持的各位报社领导，感谢积极配合我进行采访的各位同事，感谢东奔西跑的采访路上主动伸出援手的各界朋友，感谢提供图片的各位师友，感谢帮忙查找资料的各位同事，感谢你购买这本属于大家的访谈录。

当然，还要感谢对本书情有独钟的新世界出版社，感谢各位接受采访的文化名人，那么，让我们一起打开书，让那些纷至沓来的声音照亮我们。

2017 年 2 月 22 日上午